Polyglott-Reiseführer

Oberösterreich
Niederösterreich
mit Wachau

Karin Schiefer

Polyglott Verlag München

Langenscheidt Mini-Dolmetscher Österreichisch

Das Österreichische hat viel mit dem Bairischen gemeinsam. Nur die Vorarlberger stehen sprachlich dem Schwäbischen näher. Der ständige Kontakt Altösterreichs mit den vielen Völkern der Habsburgermonarchie, aber auch mit den Nachbarn ließ zusätzlich vielerlei sprachliche Elemente ins Österreichische einfließen. So ist diese Sprache bis heute voller Eigenheiten, die dem (Nord-)Deutschen weitgehend fremd sind.

A

aba, ober [owa]	herunter
abistessen [obischdessn]	hinabstoßen, in einem Zug austrinken
Adabei	Wichtigtuer („Auchdabei")
allweil, allerweil [allaweil]	immer, stets
alsdann [oisdann]	also dann (Einleitung oder Aufforderung)
anbandeln [anbandln]	ein Liebesverhältnis einzuleiten versuchen
anessen [anessn]	sich satt essen
antun, sich etwas	sich (grundlos) über etwas aufregen
auffi	hinauf
ausgsteckt is	Anzeige durch einen Föhrenzweig, daß ein Heuriger geöffnet ist

B

Backhendl	Backhähnchen, frittiert
benzen [benzn]	betteln, bitten, tadeln
bissel, bisserl	ein wenig, bißchen
blad [blaad]	dick
brocken	pflücken
brodeln [brodln]	trödeln, langsam sein
büseln [büsln]	schlafen
Bussel, Busserl	Kuss, Küsschen

D

dalkert [dalkad]	dumm, kindisch, ungeschickt
damisch	dumm

Deka	10 Gramm
Doppler	2 Liter (-Flasche)
Dulliöh [dulliäh]	Rausch, Ausgelassenheit

E

eh	ohnehin
einschichtig	einsam, abgelegen, einzeln
Erdäpfel	Kartoffeln

F

fad	langweilig, ängstlich
fadisieren	sich langweilen
Falott	Gauner
fensterln	nachts ein Mädchen besuchen (durchs Fenster)
fesch	hübsch, flott, gut angezogen
Fetzen [Fetzn]	Lumpen, Staubtuch, Kleidungsstück, Rausch
Fierant	(Markt-)Händler
fretten [frettn]	sich abarbeiten, sehr bemühen
Frittate	Pfannkuchen, geschnitten

G

Gatsch [gaadsch]	Matsch, Brei
geldig [gödig]	reich
Gelse [Gössn]	Stechmücke
gelt? [gö]	nicht wahr?
gespritzt [gschbritzt]	verdünnt (mit Soda- oder Mineralwasser)
Gfrett, Gefrett	Plage, Mühe, Ärger
Glump, Glumpert	wertloses Zeug
gmahte Wiesen	sicherer Erfolg
Goscherl	Mund
grantig	übel gelaunt
grauslich	ekelhaft, häßlich
gschert, geschert	dumm, grob, ungebildet

H

Haberer [hawara]	Freund, Kumpan, Liebhaber
hatschen [hadschn]	schlendern, hinken, schleppend gehen

Hauer		pracken [brakkn]	klopfen,
heurig	Winzer		schlagen
	diesjährig	präpotent	überheblich,
J			aufdringlich
Jänner	Januar	pressieren [bressian]	eilig sein
Jause	Zwischen-	Putzerei	Reinigung
	mahlzeit		
jö!	oh! (Ausruf des	**R**	
	Erstaunens)	rass	scharf, beis-
K			send, feurig
keppeln [keppln]	schimpfen,	Rauchfangkehrer	Schornstein-
	keifen		feger
klauben [klaubn]	pflücken,	raunzen [raunzn]	nörgeln,
	aufsammeln		jammern
kletzen [klezzn]	zupfen, kratzen	resch	knusprig
knotzen [knozzn]	herumlümmeln		
kommod	bequem,	**S**	
	angenehm	Sackerl [sackal]	Papier- oder
kraxeln [kraxln]	klettern		Plastiktüte
Krügel [Krügl]	Halbliterglas	schiech [schiach]	häßlich
	(Bier)	Schmäh	Scherz, Witz,
Kukuruz	Mais		Versuch auf
kusch!	halt den Mund!		den Arm zu
			nehmen
		sekkant	zudringlich,
L			lästig
Lackerl [lackal]	Pfütze, kleine	sekkieren [sekkian]	aufdringlich
	Menge Flüssig-		sein
	keit	Servus!	Begrüßungs-
Lapp	einfältiger		oder Ab-
	Mensch		schiedsgruss
leinwand [leiwaund]	ausgezeichnet,		unter Bekann-
	toll		ten (wörtlich:
M			Diener)
marod	krank, ge-	spannen	merken, ahnen
	schwächt	stad [schdaad]	ruhig, still
Matura	Abitur	Stamperl [schdampal]	kleines
muffeln	schlecht rie-		Schnaps-
	chen, schim-		gläschen
	melig riechen	Stoppel [schdoppl]	Stöpsel, Korken
N		strabanzen	sich herum-
niederlegen	sich ins Bett	[schdrawanzn]	treiben
	legen		
notig	arm, in Not	**T**	
		Trafik	Tabakladen
O		tramhapert	geistesab-
Obers	Schlagsahne	[draamhapat]	wesend, un-
	(süss)		ausgeschlafen
P		tummeln	sich beeilen
paschen [boschn]	klatschen		
patschert [bodschad]	unbeholfen	**W**	
pflanzen [pflanzn]	foppen, ärgern	wuzeln [wuzln]	wickeln, dre-
Pfusch	Schwarzarbeit,		hen, sich
	schlechte Ar-		durchdrängen
	beit		
picken [bickn]	kleben	**Z**	
Piefke	Deutscher	Zipp	Reißverschluß
	(abwertend)	zizerlweis	in kleinen
plauschen	plaudern, ver-		Schritten, nach
	raten, lügen		und nach
pomali	langsam	zufleiß [zfleiß]	absichtlich
Powidl	Pflaumenmus		

Allgemeines

Städtebeschreibungen

Linz – Unter der Klangwolke   S. 24

Linz verbindet man spontan mit Chemie und Stahl. Welche Überraschung, wenn man dann die historischen Fassaden der Altstadt und das moderne kulturelle Programm entdeckt.

St. Pölten – Metropole im Kommen   S. 29

Eine barocke Stadt wird zur (niederösterreichischen) Landeshauptstadt und wandelt sich zum Spielplatz moderner Architektur – sehenswert!

Krems – Zwei Schwestern   S. 33

Das Zentrum der Wachau mit seinen alten Fassaden und Höfen, Gassen und Marktplätzen stimmt auf einen ganz besonderen Landstrich ein.

Routen

Route 1

Ein See in jedem Winkel   S. 38

Archaische Kraft, vornehme Eleganz, krasse Gegensätze: Für welchen Landstrich Österreichs trifft das in unübertroffener Weise zu? Das Salzkammergut!

Route 2

1000 Jahre   S. 43

Uraltes Siedlungsland durchmisst diese Route. Entsprechend reich ist es an kulturellen Schätzen, auch an solchen des Bodens.

Routen

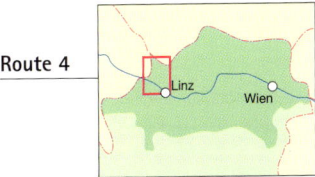
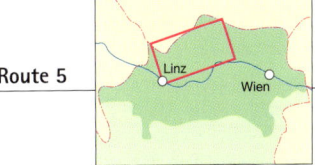
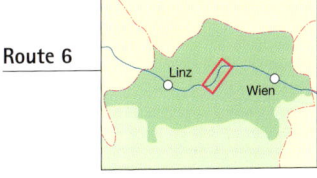

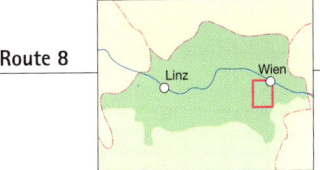

Routen

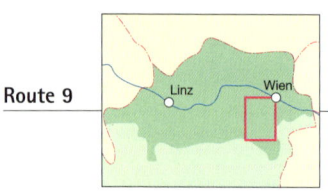
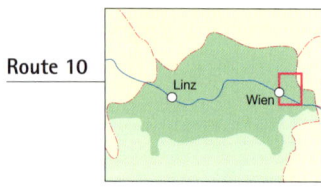

Bildnachweis

Alle Fotos Rainer Hackenberg außer Archiv für Kunst und Geschichte, Berlin: 13/2-3. Karin Schiefer: 7/3, 59/3. Stadtgemeinde Berndorf: 79/2+4. Sabine Zimmermann: 83/1. IFA/Lecom: Umschlag (Bild). Superbild/Bernd Ducke: Umschlag (Flagge).

Editorial

Terra incognita Österreich? Ein müdes Lächeln. Und doch regt sich der Verdacht, dass daran etwas ist. Mühl- und Hausruckviertel, Wald- und Weinviertel, Thermenland gar sind geografisch schwer einzuordnen, und eindeutige Bilder tun sich keine auf, wenn die reichlich gesichtslosen Begriffe Ober- und Niederösterreich fallen.

Vielleicht ist gerade die Uneindeutigkeit ihr wichtigster Charakterzug. Diese Länder verlieren sich im eigenen Detail. Kaum anderswo finden sich auf so kleinem Raum Hochgebirge und Tiefebenen, Karstgebiete und Flussauen, Seebäder und Urwälder. Für langsame Übergänge nimmt sich die Landschaft keine Zeit, kopfüber stürzt sie sich von einem Gewand ins andere. Nirgendwo wird das deutlicher als im südlichen Salzkammergut, wo es vom 3000 m hohen Dachsteingletscher rasant ins geheimnisvolle Hallstatt und aus dem Gebirgstal im Handumdrehen ans halbmediterrane Strandleben von Attersee oder Mondsee geht. Doch auch die Weinebenen der Thermenregion sehen sich von schroffen Felsen aus der Ruhe gerissen, die Hauptstadt Wien versumpft gar nur wenige Kilometer außerhalb im größten unberührten Augebiet Mitteleuropas.

Nur noch auf ihre innere Uhr scheinen die Landstriche nördlich der Donau zu horchen. Die Landschaften des Wald-, Wein- und Mühlviertels wirken wie in sich selbst zurückgezogen, geheimnisvoll, in sich ruhend, eine Gegend, die sich in ihrer Selbstgenügsamkeit nicht aufdrängt, Entdeckern nur auf halbem Weg entgegenkommt und den Rest der Neugier überlässt. Wer sich anfreundet, lernt eine diskrete Schönheit kennen, die zum stillen Genießen verführt, sich aber ohne Zögern auf wildeste Abenteuer einlässt.

Die Autorin

Karin Schiefer
Geb. 1965 in Steyr/ Oberösterreich, studierte Romanistik und Germanistik in Wien und Lyon. Die freie Kulturjournalistin lebt heute in Österreichs Hauptstadt.

Ostarrichis Kernland

Kaiserliches Geschenk

Die Urkunde von 996, in der erstmals der Name Österreich zu lesen steht, war historisch eher unbedeutend. Kaiser Otto III. verfasste ein Schriftstück, in dem er dem Bischof von Freising ein Stück Land in der Gegend östlich der Enns schenkte, die im Volksmund als „Ostarrichi" bezeichnet wurde. 1000 Jahre später rückte das kleine „Nuivanhova" – Neuhofen an der Ybbs – während der Milleniumsfeiern ein Jahr lang ins Zentrum der Aufmerksamkeit, heute ist es wieder in sein stilles Dasein zurückgekehrt. Im Mittelpunkt liegt es weiterhin, geografisch gesehen: an der Grenze zwischen den Ländern „ob und unter der Enns".

Lage und Landschaft

Um ihre Mitte gleichen sich die beiden Länder wie ein Ei. Die zwei Eisenstraßen im Westen entlang der Enns, im Osten entlang von Ybbs und Erlauf umschließen den Kern mit seinen Klöstern und einer Wirtschaftsgeschichte, die im Mittelalter das Eisen des steirischen Erzbergs zu schreiben begann. Ähnlich nahtlos ist der Übergang nördlich der Donau zwischen den hügeligen Waldlandschaften von Mühl- und Waldviertel, entlang deren Nordgrenze sich eine Kette von mittelalterlichen Kleinstädten zieht. Nur zu den äußeren Grenzen hin streben Ober- und Niederösterreich landschaftlich auseinander. Kein Vergleich mehr zwischen der sich mit der pannonischen Ebene vereinenden Weite des Weinviertels und den karstigen Gipfeln des Toten Gebirges, mit den Weinterrassen der Wachau und den in tintenblaue Seen stürzenden Felsabbrüchen des Salzkammerguts.

Mehrere Jahrzehnte lang war ein weiter Teil der Außengrenzen von Ober- und Niederösterreich von der Wand des Eisernen Vorhangs abgedichtet. Mühl-, Wald- und Weinviertel wurden nicht nur wirtschaftlich in eine Randexistenz gedrängt, in die nun durch die Öffnung der Grenzen zu Tschechien, der Slowakei und Ungarn wieder Bewegung geraten ist. Das Burgenland im Südosten, die Steiermark und Salzburg im Süden, Deutschland im Westen ergänzen die Grenzlinie um die zwei Bundesländer.

Das **Donautal** trennt das kristalline Gestein der Böhmischen Masse im Norden von der Ebene des Alpenvorlandes und den imposanten Kalkalpen im Süden. Das **Tote Gebirge** mit den höchsten Erhebungen Oberösterreichs, das eindrucksvoll durch schroffe Felsen und tiefe Seen kontrastierte **Salzkammergut** mit dem Dachstein (der 2995 m hohe Gipfel liegt bereits auf steirischem Gebiet) und die vorgelagerten karstigen Höhenzüge des **Sengsen-** und **Höllengebirges** prägen das oberösterreichische Gebirgsprofil. In Niederösterreich werden die Formen runder. Hier erhebt sich zunächst das gewaltige Massiv des **Ötschers** (1893 m) und schließlich die weiten Hochplateaus von **Schneeberg** und **Rax** – ein letztes Aufbäumen der Alpen, bevor sie immer sanfter zum **Wienerwald** hin auslaufen. Markant ist der Abbruch von den Erhebungen des

Ein eigenes Kapitel

Natürlich liegt Wien inmitten von Niederösterreich, ist aber nicht nur Bundeshauptstadt, sondern auch eigenständiges Bundesland. Ein Reiseziel für sich ist es ohnehin. Der **Polyglott-Reiseführer Wien** zeigt Ihnen die schönsten Ecken der Metropole zwischen Melancholie und Moderne.

Wienerwaldes zur Ebene entlang der **Thermenlinie,** eine geologisch instabile Zone im Süden von Wien, wo die heilende Wirkung mineralhaltiger Quellen schon den Römern bekannt war.

Nördlich der Donau trennt der Manhartsberg das klimatisch mildere, flachere und leichtlebigere **Weinviertel** vom als geheimnisvoll und schwer geltenden **Waldviertel,** das gemeinsam mit dem **Mühlviertel** als geologisch älteste Region an manchen Stellen einen geradezu mystischen Zauber ausstrahlt. Das harte Gestein der Böhmischen Masse zwang die Donau, von ihrem geradlinigen West-Ost-Verlauf abzuweichen. Es waren aber auch die sich im Wasser drohend aufbauenden Granitfelsen, die den **Strudengau** zur gefährlichsten Passage für die Donauschiffer machten. Wer sie glücklich meisterte, wurde mit einem landschaftlichen Höhepunkt belohnt, dem 32 km langen Abschnitt der **Wachau.** Auf ihren letzten Kilometern auf österreichischem Gebiet hinterlässt die Donau östlich von Wien eine in Mitteleuropa einzigartige Auwaldlandschaft.

Die Einteilung in Viertel vollzog man zur Zeit der Hussitenkriege in der ersten Hälfte des 15. Jhs., um die Organisation der Landesverteidigung zu erleichtern. Oberösterreich hielt bis heute an seiner Einteilung **Mühlviertel** im Norden, **Innviertel** im Westen, **Hausruckviertel** im Zentrum und **Traunviertel** für den Raum südlich der Donau fest. In Niederösterreich kam man von der ursprünglichen Benennung der Viertel „Ob und Unter dem Manhartsberg bzw. Wienerwald" wieder ab. Im 19. Jh. ersetzten **Waldviertel** und **Weinviertel** die Bezeichnung für die nördliche, **Mostviertel** und **Industrieviertel** für die südliche Hälfte.

Lebensader Österreichs seit Jahrhunderten: die Donau

Klima und Reisezeit

Oberösterreich und ein Großteil Niederösterreichs fallen in die Zone des von atlantischen Westwinden bestimmten mitteleuropäischen Über-

Blühende Kulturlandschaft im Mühlviertel

gangsklimas mit Niederschlägen zu allen Jahreszeiten. Nach Osten hin setzen sich immer stärker die Einflüsse des kontinentalen, pannonischen Klimas mit geringen Niederschlägen, heißen Sommern und kalten, schneearmen Wintern durch. Von ihm profitieren die Weinkulturen in der Thermenregion und im Weinviertel, wo bis an die Grenze zum Manhartsberg Weinbau möglich ist. Die Reben der Wachauer Weinberge gelangen in den Genuss eines Mikroklimas, das aus dem Zusammenwirken der Lage sozusagen im Windschatten des Waldviertels und der Nähe zum Donauufer entsteht.

Rauere Winde wehen hingegen im Mühl- und Waldviertel. Die Gemeinden über 500 m Seehöhe erleben selten mehr als drei frostfreie Monate. Es sind weniger die Niederschläge als vielmehr die kalten Nächte und die Winde aus dem Norden, die der Landwirtschaft harte Bedingungen stellen. Beinahe mediterran ist hingegen das Klima im Sommer an den Seen des Salzkammergutes, wo selbst große Wasserflächen wie der Attersee oder der Mondsee angenehme Badetemperaturen erreichen. Noch wärmer, aber weitgehend unbekannt: die kleinen Seen in den Moorgebieten des südlichen Innviertels. Schnee hat sich in den letzten Jahren selbst in den alpinen Skigebieten eher als instabile klimatische Größe erwiesen, Beschneiungsanlagen in Gebieten wie Hinterstoder, Semmering oder auch am Hochkar setzen sich über meteorologische Unregelmäßigkeiten hinweg.

Natur und Umwelt

Seen- und Moorlandschaften, unberührte Flussauen und dunkle Wälder, bis hin zu den Regionen oberhalb der Baumgrenze: Das Spektrum der Lebensräume für die Tier- und Pflanzenwelt könnte kaum breiter sein. Doch nicht nur die sich selbst überlassene Natur der Donau-Auen oder des Reichraminger Hintergebirges hat ihre Reize, auch die kultivierten Landschaften set-

Ideale Reisezeit

Unabhängig von individuellen Vorlieben – wohl fühlen wird sich der Gast zu jeder Jahreszeit. Die Baumblüte sowie Weinlese und alle damit verbundenen kulinarischen Aktivitäten machen Frühling und Herbst in Niederösterreich zur Hauptreisezeit. Der meist trockene Herbst erweist sich in beiden Ländern als optimal für Wanderungen oder Radtouren. Für den klassischen Badeurlaub mit der ganzen Familie eignen sich die Monate Juni bis August.

zen oft zauberhafte Akzente. Besonders zur Marillenbaumblüte im April/Mai ist die Wachau unwiderstehlich. Die Obstbaumblüte im Most- und Traunviertel setzt weiße Akzente ins Grün. Ende Juni, Anfang Juli wechseln die blühenden Mohnfelder des Waldviertels von Weiß über Rosa in tiefes Rot. Die Weinberge sind das ganze Jahr über ein faszinierender Anblick.

Wie schwierig es in Zeiten des Umweltbewusstseins ist, ein letztes Stück Natur in seiner Wildnis zu erhalten, zeigte der Kampf um den **Nationalpark Donau-Auen,** der mit der Verhinderung eines Kraftwerks bei Hainburg 1984 seinen Anfang nahm (s. S. 85). Erst seit 1996 kann sich die einzigartige Flusslandschaft zwischen Wien und Bratislava als offiziell geschütztes Gebiet vor Eingriffen sicher fühlen. Das längste unberührte Bachsystem der Ostalpen sowie das größte unbesiedelte Waldgebirge birgt der 1997 gegründete **Nationalpark Kalkalpen,** der sich vom Reichraminger Hintergebirge über das Sengsen- und Tote Gebirge zu den steirischen Haller Mauern erstreckt.

Bevölkerung

Von der landschaftlichen Vielfalt auf eine stark differenzierte Struktur der Bewohner zu schließen, wäre verkehrt.

Die könnte nämlich kaum homogener sein. Ihre Wurzeln reichen zurück in die Besiedlung durch die Bajuwaren im frühen Mittelalter. 83 % der 1,52 bzw. 1,38 Mio. Nieder- und Oberösterreicher bekennen sich zum römisch-katholischen Glauben.

Der Ausländeranteil der Bevölkerung, in erster Linie Einwanderer aus der Türkei und dem ehemaligen Jugoslawien, liegt bei 6,8 %.

Brauchtum

Der erste Fixtermin im Kalender der lokalen Festlichkeiten ist der 5. Januar, wenn in einer Reihe von Gemeinden im Salzkammergut (Ebensee, Bad Ischl, Traunkirchen, Hallstatt u. a.) nach Einbruch der Dunkelheit Gruppen von jungen Männern zum *Glöcklerlauf* antreten. Überhaupt Verkleidung: Das Salzkammergut schlüpft besonders gerne in fremde Masken, wozu das letzte Faschingswochenende reichlich Gelegenheit gibt. Beim *Ebenseer Fetzenfasching* am Rosenmontag ziehen Männer in zerlumpten Frauenkleidern, manche mit geschnitzten Holzmasken vor dem Gesicht, durch die Straßen und treiben mit den Zuschauern ihren Unfug.

Ab dem 1. Mai ragt so gut wie in jeder Gemeinde ein glatt geschälter Baumstamm, an der Spitze mit Reisig und Kränzen geschmückt, in den Himmel.

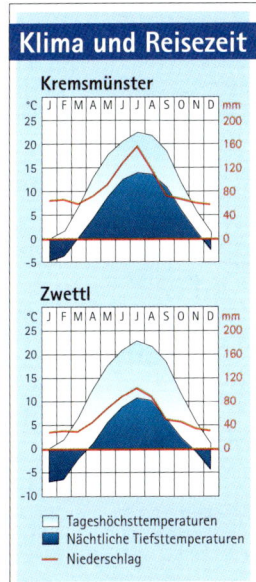

Klima und Reisezeit

Kremsmünster

Zwettl

☐ Tageshöchsttemperaturen
■ Nächtliche Tiefsttemperaturen
— Niederschlag

Leuchtendes Geläut

Ein Spektakel, das vor gut 120 Jahren erstmals in der Chronik festgehalten wurde, vollzieht sich am Vorabend zu Dreikönig vom Traunsee bis zum Hallstätter See: der Glöcklerlauf. Weiß gekleidet, am Rücken mit Kuhglocken behängt, nähern sich junge Männer im Gänsemarsch den Ortszentren und klopfen mit einem Stock an die Türen, um Glühwein und süße Köstlichkeiten einzufordern. Meist jedoch benötigen die Gestalten beide Hände, um ein Wunderwerk auf ihren Häuptern zu stützen: Unter den kunstvoll aus Tonpapier ausgeschnittenen Ornamenten, die mit buntem Seidenpapier unterlegt sind und von innen mit Kerzen ausgeleuchtet werden, verbirgt sich ein Holzgestell, bis zu 3,5 m lang und 15 kg schwer. Der gewaltige Kopfschmuck zeichnet zauberhafte Farb- und Lichtfiguren in die Dunkelheit.

Das Setzen des *Maibaums,* was nach allen Regeln der Kunst ohne technische Hilfsmittel zu erfolgen hat, geschieht unter allgemeinem Gaudium am Abend des 30. April.

Fronleichnamsprozessionen kennt man aus ländlichen Regionen, in denen die Kirche noch im Dorf steht, als katholische Pflichtübung. Sollte das in Oberösterreich anders sein? Doch! In Hallstatt und Traunkirchen erfolgt die Prozession auf dem See, und man kann schwer entscheiden, ob die Bevölkerung oder die alten Boote farbenfroher herausgeputzt sind. Bis ins 17. Jh. lassen sich die Umzüge zurückverfolgen, die mittlerweile auch für zahlreiche auswärtige Zuschauer ein Höhepunkt im Jahreskalender sind.

Wirtschaft

Salz, Eisen und Wein sorgten im Mittelalter für ein erstes wirtschaftliches Aufblühen der Regionen entlang der Transportwege. In ihrer heutigen Wirtschaftsstruktur unterscheiden sich die beiden Bundesländer kaum. Das Gros der Gesamtwirtschaft liegt im Produktionsbereich mit 48,6 %. Industriebetriebe konzentrieren sich um Wien, im Süden des Wiener Beckens und um Linz. Auffallend ist in beiden Ländern der hohe Anteil an Beschäftigten im öffentlichen und sozialen Bereich. In Oberösterreich sind es 21 % der Beschäftigten.

Die Landwirtschaft spielt hingegen heute kaum noch eine Rolle. Nur 1,3 % (Niederösterreich) bzw. 0,5 % (Oberösterreich) aller Erwerbstätigen verdienen in diesem Sektor ihren Unterhalt. Niederösterreich verfügt zwar über die größte landwirtschaftlich genutzte Fläche, der Anteil an der Gesamtwirtschaft beträgt jedoch, wenn auch weit über dem österreichischen Durchschnitt, nur rund 5 %. Besonders strukturschwach sind die Gebiete nördlich der Donau. Wer nicht abwandert, ist gezwungen, an einen Arbeitsplatz in den Industriezentren an der Donau zu pendeln. Die Bauern, im Mühl- und Waldviertel vielfach als Bergbauern eingestuft, erhalten ihren Hof meist nur im Neben- oder Zusatzerwerb. Hut ab vor so viel Fleiß und Engagement: Viele von ihnen haben mit hochqualitativen, meist biologischen Produkten Nischen besetzt.

Politik

Die Republik Österreich ist ein föderativer Bundesstaat, in dem die neun Bundesländer Hoheitsrechte der Länderverwaltung und der Landesgesetzgebung besitzen. In festem Turnus schickt die Landesbevölkerung nicht nur Abgeordnete ins Parlament in Wien, sondern wählt auch für den eigenen Landtag. Vorsitzender der Landesregierung ist der Landeshauptmann.

Niederösterreich ist das größte, Oberösterreich das drittgrößte Bundesland. Der niederösterreichische Landtag besteht aus 56 auf fünf Jahre gewählten Abgeordneten. 27 Sitze hat davon die christlich-konservative ÖVP inne, 18 die SPÖ, 9 die FPÖ und 2 die Grünen. Ebenfalls über 56 Abgeordnete, die jedoch mit einem sechsjährigen Mandat betraut sind, verfügt Oberösterreichs Landtag. Auch in Linz herrscht ÖVP-Mehrheit (25 Sitze), gefolgt von SPÖ (16), FPÖ (12) und den Grünen (3).

Steckbrief

Oberösterreich

Fläche: 11 979 km^2
Bevölkerung: 1,38 Mio.
Bevölkerungsdichte:
115 Einw./km^2
Beschäftigte: 518 000

Niederösterreich

Fläche: 19 173 km^2
Einwohner: 1,52 Mio.
Bevölkerungsdichte:
79 Einw./km^2
Beschäftigte: 495 000

Geschichte im Überblick

30 000–800 v. Chr. Besiedlung im Gebiet der Pyhrn-Eisenwurzen, wie in Höhlen gefundene Werkzeuge belegen. Für die Wachau ist Siedlungstätigkeit durch die 30 000 Jahre alte Venus vom Galgenberg und die 5000 Jahre jüngere Venus von Willenberg belegt. Für die Zeit um 2000 sind an Mond- und Attersee Pfahlbausiedlungen nachgewiesen.

800–400 v. Chr. Menschen illyrischen und keltischen Ursprungs betreiben Bergbau und handeln mit Salz. Gräberfunde bei Hallstatt weisen auf eine hoch entwickelte Kultur hin (Hallstattkultur).

Ab 15 v. Chr. Das keltische Reich Norikum wird Teil des römischen Imperiums. Niederlassungen entstehen in Lentia (Linz), Ovilava (Wels), Lauriacum (Lorch-Enns). 107 wird Carnuntum Hauptstadt von Pannonia superior.

Nach 488 ziehen sich die Römer vor kriegerischen Reitervölkern aus dem Osten schrittweise nach Süden zurück. Bajuwaren (Baiern) lassen sich im Flachland nieder.

748 / 777 Erste Klostergründungen von Mondsee und Kremsmünster durch die Herzöge von Bayern.

955 Otto I. besiegt die Ungarn auf dem Lechfeld bei Augsburg, ein neues Zeitalter beginnt. Otto II. belehnt die Babenberger 976 mit der Ostmark rund um die Donau.

996 In einer Schenkungsurkunde des Kaisers Otto III. an das Bistum Freising wird erstmals der Name Ostarrichi (Österreich) erwähnt.

1254–1266 Der Pyhrnpass wird als Grenze zwischen der Steiermark und Österreich (= Gebiet von Ober- und Niederösterreich) festgelegt. In einer Urkunde fällt 1266 für die obe-

Im Waldviertel ist seit langer Zeit die Glasherstellung zu Hause, hier in der Glasfabrik Stölzle

Die Venus von Willendorf ist ein Kultobjekt aus der Altsteinzeit und 25 000 Jahre alt

Die Schenkungsurkunde Kaiser Ottos III. von 996

ren Landesteile erstmals die Bezeichnung „Ob der Enns".

1278 Sieg Rudolfs I. über den Böhmenkönig Ottokar bei Dürnkrut und Jedenspeigen, Beginn der Ära Habsburg.

1529–1541 Erster Einfall der Türken, die bis an die Enns vordringen und Verwüstungen im ganzen Land anrichten.

1620–1628 Kaiser Ferdinand II. verpfändet das Land Ob der Enns an Bayern. Unterdrückung der evangelischen Religionsausübung. Die Bauernkriege enden mit dem Sieg der Gegenreformation. 1628 geht das Land zurück an Wien.

1683 Erneute Invasion der Türken ins Habsburgerreich. Die Städte um Wien werden stark in Mitleidenschaft gezogen, Wien belagert.

1741–1743 Österreichischer Erbfolgekrieg: Bayern und Franzosen besetzen nach dem Regierungsantritt Maria Theresias Oberösterreich. Mit der Befreiung von Linz beginnt die Epoche einer starken Kaiserin, die ihr Reich modernisiert und zu einem künstlerischen Mittelpunkt Europas macht.

1778–1779 Bayrischer Erbfolgekrieg (auch: Kartoffelkrieg). Im Frieden von Teschen erhält Österreich das Innviertel, muss aber ewigen Verzicht auf Bayern schwören.

1781 Das Toleranzpatent Josephs II. erlaubt freie Religionsausübung.

1805–1816 Napoleon überzieht das Habsburgerreich mit Kriegen. Unter dem Druck des Korsen muss Franz II. die deutsche Kaiserkrone niederlegen, begründet aber zuvor das österreichische Kaiserreich.

1814–1848 Zeitalter der Restauration unter dem Staatskanzler Metternich, das bedeutet Zensur, Polizeistaat, Überwachung der Universitäten.

1848 Die Märzrevolution erfasst Österreich, wird aber niedergeschlagen. Ferdinand I. muss als Kaiser abdanken, Franz Joseph besteigt 18jährig den Thron.

1888 Die Sozialdemokratische Partei wird in Hainfeld gegründet.

1914–1918 Der Erste Weltkrieg endet für Österreich mit einer Katastrophe. Mit dem Friedensvertrag ist die Monarchie aufgelöst, Österreich schrumpft auf ein Siebtel seiner Größe und wird zum Kleinstaat. Ausrufung der Republik am 12.11.1918, erste Nationalratswahlen am 19.2.1919.

1938 Adolf Hitler marschiert in Österreich ein und verkündet den „Anschluss". Linz will er zu „seiner" Stadt ausbauen lassen. Bei Mauthausen unweit von Linz entsteht 1940 ein Konzentrationslager.

1943–1945 Schwere Luftangriffe der Alliierten auf Wiener Neustadt, den Großraum Wien und St. Pölten.

Februar 1945 Mühlviertler Hasenjagd: Nach dem größten Fluchtversuch aus dem KZ Mauthausen werden bei einer Suchaktion fast alle der etwa 500 Flüchtigen ermordet.

1945–1955 Ober- und Niederösterreich sind von russischen und amerikanischen Truppen besetzt.

1986 St. Pölten wird zur neuen Landeshauptstadt Niederösterreichs erklärt. Bau eines neuen Regierungsviertels. Der Umzug von Regierung und Verwaltung aus Wien beginnt erst 1996 / 97.

1989 Durch den Fall des Eisernen Vorhangs liegen Ober- und v. a. Niederösterreich nicht mehr im toten Winkel Mitteleuropas. Öffnung vieler Grenzstationen.

1995 Beitritt Österreichs zur EU.

Kultur gestern und heute

Architektur, Skulptur, Malerei

Vor- und Frühgeschichte

Viele Gegenstände der Kelten haben neben dem Gebrauchswert einen künstlerischen Ausdruck

An zwei malerischen Flecken wurden die ältesten Funde menschlicher Besiedlung in Österreich gemacht. Lange Zeit galt die in der Wachau entdeckte „Venus von Willendorf", eine dickleibige Kalkstatuette (ca. 23 000 v. Chr.), als der älteste Schatz der Besiedlungsgeschichte, bis ihr 1989 die auf 30 000 Jahre geschätzte, viel schlankere „Venus vom Galgenberg" den Rang ablief.

Die Funde am Gräberfeld beim Salzbergwerk von Hallstatt im südlichen Salzkammergut gaben einer ganzen kulturgeschichtlichen Epoche, der Älteren Eisenzeit, ihren Namen: Hallstattkultur (800–400 v. Chr.). Der Brauch der **Kelten,** ihren Toten Waffen, Schmuckstücke, Trinkgefäße und andere Gegenstände ins Grab zu legen, gibt uns eine konkrete Vorstellung vom Formen- und Motivreichtum keltischen Kunsthandwerks. Die Spuren der **Römer** sind vor allem entlang der Donau zu verfolgen, wo die Nordgrenzen des Imperiums gegen die kriegerischen Germanenstämme nur mühsam zu sichern waren. Dass sich in der Folge auch eine außergewöhnlich hohe städtische Kultur entwickelte, demonstrieren die hoch interessanten Ausgrabungen in Carnuntum-Petronell östlich von Wien.

Einer der prunkvollsten Sakralbauten Österreichs ist das barocke Stift St. Florian

Das Mittelalter

Mit dem Niedergang des römischen Reiches und der Verbreitung des Chris-

Oskar Kokoschka – ein Selbstporträt

tentums gründeten die Benediktiner im 8. Jh. erste Klöster in Mondsee und Kremsmünster. In Mondsee, einem Zentrum der Buchmalerei, entstand der „Mondseer Matthäus", die älteste deutsche Bibelübersetzung. In Niederösterreich realisierten die Zisterzienser mit ihren Abteien Heiligenkreuz, Klosterneuburg, Lilienfeld und Zwettl eindrucksvolle Klosteranlagen am Übergang von der **Romanik** zur **Gotik.**

Zu einem der bedeutendsten Wallfahrtsorte im Mittelalter stieg St. Wolfgang auf. Sein gotischer Flügelaltar, der Pacheraltar, benannt nach seinem Schöpfer Michael Pacher, gehört mit dem Kefermarkter Altar eines unbekannten Meisters zu Oberösterreichs wertvollsten Kirchenschätzen.

Das Mittelalter brachte auch die erste Blüte in der Stadtarchitektur. An allen bedeutenden Handelswegen, dem Inn (Braunau, Schärding), der Eisenstraße entlang der Enns (Steyr), der Donau (Krems, Linz) und den Verbindungswegen aus Böhmen und Mähren von Freistadt bis Laa entstanden stolze Bürgerstädte, deren Kerne heute noch erstaunlich gut erhalten sind.

Renaissance und Barock

Während der **Renaissance** schien sich die Architektur in Ober- und Niederösterreich, abgesehen von einigen Musterbeispielen wie der Schallaburg oder den Arkadenhöfen in Linz und Wels, eine Atempause zu gönnen, um Anlauf zu einem **barocken** Großeinsatz zu nehmen. Nach der schweren Krise der Reformation gingen die katholischen Klöster Anfang des 17. Jhs. neu gestärkt in die Offensive. In den geltungsbedürftigen Habsburgern fanden sie potente weltliche Partner.

Doch im Zuge der Aufklärung schlug das Pendel zurück. Mit Kaiser Joseph II. kam ein Freund der Nüchternheit an die Macht, der nach staatlicher Souveränität über die Kirche strebte und seiner Politik mit der Auflösung vieler Klöster Ausdruck verlieh.

Barocker Bauboom

Im Zeitalter der Gegenreformation wurde überall abgerissen, neu erbaut, üppig barockisiert. Architekten wie Jakob Prandtauer, Joseph Munggenast und Carlo Carlone, Maler wie Paul Troger, Daniel Gran, Martin Johann Schmidt oder Bartolomeo Altomonte wurden von Aufträgen überhäuft. In den Stiften Melk, Göttweig, St. Florian und in der Rokoko-Kirche des Stiftes Wilhering erreichte die grenzenlose Dekorationslust ihren Höhepunkt.

Romantik und beginnende Moderne

Die kühle Vernunftorientierung provozierte bald eine Gegenbewegung: Die Malerei der **Romantik** in der ersten Hälfte des 19. Jhs. entdeckte die Natur als Motiv und die Idylle als Thema. Bevorzugtes „Modell" der Biedermeiermaler Ferdinand Georg Waldmüller und Friedrich Gauermann wurde neben dem Salzkammergut das selbst heute noch stille Piestingtal im südlichen Wienerwald.

Ansichten vom Attersee sind auch im Werk Gustav Klimts zu finden, des Gründers und Führers der Wiener **Secession.** Mit ihm begann die Malerei der **Moderne,** zu deren Leitfiguren Egon Schiele und Oskar Kokoschka avancierten.

Im Werk des 1890 in Tulln geborenen Schiele stehen Porträts und durch ihren eigenwillig-kantigen Strich charakterisierte Aktstudien im Vordergrund. Kokoschka, dessen Anfangswerk ebenfalls dem Expressionismus zuzuordnen ist, hat vor allem in der Landschaftsmalerei neue Wege beschritten. Die Secession, die österreichische Variante des Jugendstils, prägte zur Jahrhundertwende auch die Villen- und Hotelarchitektur. Vor allem in den klassischen Zentren der Sommerfrische – Salzkammergut, Raxgebiet und Semmering –

entfaltete sie sich in eindrucksvoller Vielfalt. Heute versuchen mondäne Hotels von einst, wie das Panhans am Semmering, das Rad der Zeit zurückzudrehen und den früheren Zauber wieder wachzurufen – mit gutem Erfolg.

Das 20. Jahrhundert

Seit dem Ersten Weltkrieg hat sich die Architektur in Ober- und Niederösterreich zur Ruhe begeben. Oder fehlte nur die große Herausforderung, ein finanzstarker Auftraggeber?

In der neuen Landeshauptstadt St. Pölten war beides vorhanden, und siehe da: Die bisher in Wien residierende Landesverwaltung bekam ein neues und künstlerisch interessantes Regierungsviertel aus Glas, Stahl und Beton.

Die Tracht legt man an Festtagen an, ihre Accessoires hingegen auch im Alltag

Feste und Veranstaltungen

Januar: Glöcklerlauf u. a. in Ebensee und Bad Ischl (5. 1.).

Februar: Ebenseer Fetzenfasching (Rosenmontag).

Mai: Ulrichsberger Kaleidophon (internationale Jazztage, 1. oder 2. Woche). – Internationale Barocktage im Stift Melk (Pfingsten).

Mai / Juni: Seeprozessionen zu Fronleichnam am Hallstätter- und Traunsee.

Juni: Donaufestival in Krems und St. Pölten (internationales Theaterfestival mit nonverbalem Theater, Pantomime, Zirkuskunst, Kabarett, Comedy; Mitte Juni bis Anf. Juli).

Juni–August: Theaterfest Niederösterreich: Theatermacher aus den Städten zieht es an mindestens 15 Spielorte in ganz Niederösterreich, wo sie die Klassiker der Opern- und Literaturgeschichte in sommerleichten Gewändern präsentieren, z. B. bei Kunst und Künstler Reichenau, Open Air Gars, Operettenfestival Baden, Perchtolds-dorfer Sommerspiele, Stockerauer Festspiele etc. Information beim Sekretariat des Theaterfestes NÖ, Alban-Berg-Weg 8, 1130 Wien, ☎ und 🖷 (01) 8 04 83 82. – Karl-May-Spiele in Winzendorf (Anf. Juli bis Anf. Sept.).

Juli: Linzer Pflasterspektakel (Festival der Straßenkunst, 3. Wochenende). – Marillenkirtag in Spitz/Donau (letztes Wochenende).

Juli / August: Sommerspiele Grein im Rokoko-Theater (Fr–So). – Operettenfestspiele Bad Ischl.

August: Frankenburger Würfelspiel (Fr–So Anf. bis Mitte Aug., s. S. 52). – Chopin-Festival in der Karthause Gaming (vorletztes Wochenende). – Gmundner Festwochen (2. Monatshälfte). – Attergauer Kultursommer.

September: Ars Electronica (2. Woche), anschließend Internationales Brucknerfest in Linz bis Anfang Oktober. – Weinlesefest in Retz (letzter So).

Oktober: Kürbisfest in Retz (letztes Wochenende).

International renommierte Gegenwartskünstler hat Oberösterreich gleich zwei vorzuweisen: die aus Linz stammende Valie Export und den Maler Siegfried Anzinger, der in den 80ern als einer der Protagonisten der „Neuen Wilden" Furore machte. Die skandalumwitterten Orgien- und Mysterienspiele des Aktionisten Hermann Nitsch bringen das kleine Prinzendorf im Weinviertel immer noch in die Schlagzeilen, auch wenn seine mit Tierblut geschaffenen Schüttbilder längst zu Klassikern der österreichischen Nachkriegsmalerei gehören.

Genie

Als Wolfgang Amadeus Mozart im Oktober 1783 in Linz ankam, stellte er fest, dass er für ein für fünf Tage später angesetztes Konzert keine Symphonie dabei hatte. Vier Tage später stand die „Linzer Sinfonie" auf dem Notenpapier.

Musik

Eine typisch österreichische Musikerkarriere, stetig und in kleinen Schritten: Anton Bruckner (1824 bis 1896) begann als Sängerknabe, wuchs zum Domorganisten in Linz heran, wurde schließlich als Lehrer für Harmonielehre nach Wien berufen. Dort entstand ein Großteil seines richtungweisenden symphonischen Werkes, das in der Kaiserstadt ebenso auf Skepsis stieß wie sein schwieriges Temperament. Gebührende Achtung zollt ihm erst das 20. Jh. In Linz erfüllt nun jedes Jahr zur Eröffnung des Brucknerfestes eine Brucknersymphonie den Donaupark.

Ludwig van Beethoven führten eher familiäre Streitereien nach Linz. Trotz Zwist mit seinem Bruder Johann gab er seiner Achten Symphonie hier den letzten Schliff. Vielfach lebte und arbeitete er auch in Baden, an nicht weniger als sieben Wohnsitzen. Im feinen Badener Kurstadt-Ambiente fanden Johann Strauß, Josef Lanner und Carl Millöcker ein begeistertes Publikum.

Ein Sprung zu einem Talent der Gegenwart: Opern- wie Konzertpublikum begeistert heute der Linzer Dirigent Franz Welser-Möst, der bereits mit 30 Jahren das London Philharmonic Orchestra dirigierte und später die Leitung des Zürcher Opernhauses übernahm. Die neuesten Entwicklungen im Bereich der computergenerierten Musik präsentiert jedes Jahr die Linzer Ars Electronica, die sich zu einem Forum der Kunst mit neuen Medien entwickelt hat.

Literatur

Der Hochwald an der böhmischen Grenze, die Heimat des Dichters Adalbert Stifter (1805–1868), ist Hintergrund vieler seiner Erzählungen, die wegen ihrer gefühlvollen Naturschilderungen ebenso viele begeisterte Anhänger für sich gewannen wie sein schwermütiges Streben nach einer besseren Welt Skeptiker auf den Plan rief. Die ambivalente Einschätzung des Stifterschen Werkes setzte sich bis in die Gegenwart fort, wie im Stifter-Literaturhaus in Linz zu verfolgen ist.

Nicht nur unter Literaturkritikern löste Österreichs schillerndste literarische Persönlichkeit der Nachkriegszeit emotionsgeladene Kontroversen aus. Thomas Bernhard (1931–1989), der in Ohlsdorf bei Gmunden lebte, verlieh als Prosaschriftsteller, mehr jedoch noch als Dramatiker dem Unbehagen seiner Zeit eine meisterhafte Sprache und legte zielsicher und provokant die wunden Punkte der österreichischen Gesellschaft frei, die natürlich heftigst darauf reagierte – ganz wie erwünscht.

Still, poetisch und intensiv ist die Sprache von Christoph Ransmayr (* 1954 in Wels), der in seinen international viel beachteten Romanen „Die letzte Welt" und „Morbus Kitahara" mit faszinierenden Bildern kühle und beklemmende Endzeitwelten schuf.

Essen und Trinken

Hut ab – denn hier trägt man vorzugsweise Hauben. Nicht nur die Wachau, Heimat der erlesensten Weißweine Österreichs, kann eine außergewöhnliche Dichte an Restaurants vorweisen, die vom Gourmet-Magazin Gault Millau mit dem begehrten Symbol der Kochmütze (österr. Haube) ausgezeichnet wurden. Wohl verteilt über die Regionen haben sich oft in entlegenen Flecken kulinarische Stätten etabliert, die jederzeit einen Umweg wert sind. Dass sich die gastronomische Vereinheitlichung hierzulande in Grenzen hielt, ist wahrscheinlich dem Umstand zu verdanken, dass die touristischen Sturmfluten weite Teile der beiden Bundesländer verschonten. Die regionalen Kochkünstler haben jedenfalls ihre Zukunft in der Treue zur bodenständigen Kost erkannt. Öko- und Biowelle lieferten schließlich die entscheidenden Impulse für ausgeprägtes Qualitätsbewusstsein. Einzige Überlebenschance der Bauern gegenüber der wachsenden Konkurrenz von außen ist eine konsequente Weiterentwicklung der Qualität ihrer Produkte. Sie stellen heute vom Wein über Käse und Fisch bis zum Spargel oder edlen Obstbränden Produkte zur Verfügung, die überall begehrt und Grundlage der regionalen Küche sind.

Immer ein Genuss: Marillen-knödel, optisch verfeinert

Ein Menüvorschlag

Für die Sondernummer des „Gault Millau" zur 1000-Jahr-Feier Österreichs entwarf Johann Neuhofer, Koch des Restaurants Schafelner in Haag, ein verräterisches Jubiläumsmenü, ging er doch ganz offen damit um, dass das Geheimnis der österreichischen Haute Cuisine Veredelung bodenständiger Rezepte heißt. Bitte sehr: Blutwurstpalat-

Vor allem die Wachau ist für ihre Weißweine bekannt

schinken mit Radisalat und Grammeln, Mostviertler Mostsuppe, Karpfen, Saumeise mit Griesleberknödel.

Die *Saumeise,* ein typisches Gericht des Nibelungengaus, besteht zum Großteil aus dem Fleisch, das beim Zerteilen des Schweins als Abfall übrig bleibt. Es wird, manchmal mit etwas Rindfleisch ergänzt, fein gehackt, zu Knödeln geformt, in ein Naturnetz gefüllt und einige Tage geräuchert. Apropos: *Knödel* in verschiedensten Variationen sind in der gesamten Region zu finden. In Oberösterreichs Küche ist der Teigball geradezu die kulinarische Quintessenz, sei es als Hauptspeise – gebackene Speck- oder Grammelknödel –, als Beilage – Mehlknödel zum Schweinsbraten – oder als süße Menüabrundung etwa in Form eines Marillen- oder Zwetschgenknödels …

Blutwurst (offizieller Name: „Blunzn") wird heiß mit Sauerkraut oder als Blunzngröstl serviert, darf aber auch kalt und in Scheiben geschnitten bei keinem Heurigenbüfett fehlen.

Der Waldviertler *Karpfen* ist der Stolz der niederösterreichischen Fischerei. Im größten Teichgebiet des Landes, unter optimalen klimatischen Bedingungen, bekommt der Fisch langsam sein ideales Fanggewicht von zwei Kilo. Auf den Speisekarten der Restaurants ist er aber nicht allein: Saibling (am besten in Butter gegart), Zander, Schleie, Forelle und Aal leisten ihm Gesellschaft.

Most und Wein

Dass dem *Most,* dem Apfel- oder Birnenwein mit dem rustikalen Image, im Haubenmenü nur Suppenwürde zuteil wird, könnte als symptomatisch für die Rangordnung zwischen den noblen Traubenelixieren aus Wachau und Weinviertel und den säuerlichen Säften aus Mostviertel und oberösterreichischen Ländereien verstanden werden. Viele Kenner haben zwar durchaus den urigen und nuancenreichen Esprit der „Landsäure" schätzen gelernt, mit dem aus der Traube gepressten Pendant wird er bei Tisch aber wohl nie in Konkurrenz treten.

Die *Weißweine* der Wachau, allen voran Grüner Veltliner und Riesling, sind in den letzten Jahren zum Aushängeschild der aufstrebenden Weinkultur Österreichs geworden. Neben einer Degustation im Weinmekka zwischen Melk und Krems lohnen sich aber auch Entdeckungsreisen in den stimmungsvollen Kellergassen des Weinviertels (Poysdorf, Falkenstein), im Weinbaugebiet Kamptal-Donauland (Langenlois), in der Thermenregion (Sooß) und im Donauland-Carnuntum (Höflein). Neben bewährten Weißen werden heute vermehrt *Rotweine* von ausgezeichneter Qualität gekeltert.

Übrigens: Auch die Bierbrauerei hat in weiten Teilen der Region eine lange Tradition und talentierte Braumeister.

Das Dessert

Kein österreichisches Menü ohne süßen Abschluss. Wie wäre es zum *Dessert* mit Linzer Torte aus Mandelmürbteig mit feinem Zimtaroma? Oder Apfelschlangerl, die festere, knusprigere Variante des Apfelstrudels, oder einen Marillen- oder Zwetschgenknödel?

Mohnsüchtig

Die Nähe zur böhmischen Küche, deren Süßspeisen üppig mit Mohn zubereitet werden, verdanken die Niederösterreicher eine Reihe ihrer Leckereien: Mohnnudeln, Mohnknödel, Mohntorte, mit Mohn gefüllte Strudel, Beugel und vieles mehr. Die Popularität des Mohns geht so weit, dass sich in Armschlag im südlichen Waldviertel ein ganzes Dorf dem Mohn verschrieben hat. Besonders zu empfehlen ist eine Reise in die Mohnlandschaft zu Sommerbeginn, wenn die Mohnblüten von weiß bis purpur ihre Blütenblätter öffnen.

Urlaub aktiv

Wandern und Klettern

Klettertouren, Gipfelstürme, stilles Genießen der schroffen Panoramen vom weichen Almboden aus – Österreichs Berge lassen viele Spielarten zu. Auf keine Experimente sollte man sich jedoch in Sachen Ausrüstung einlassen. Festes Schuhwerk mit guter Profilsohle und Kleidung gegen Regen und Kälte sind in jeder Kategorie von Gebirgsausflügen unabdingbar. Ein rascher Wetterwechsel kann selbst im Hochsommer empfindliche Temperaturstürze bewirken. Die Wanderwege sind in der Regel gut ausgeschildert und markiert. Wer auf Nummer sicher gehen oder seine eigenen Grenzen erweitern möchte, dem stehen in den Talorten geprüfte Bergführer zur Verfügung.

Tipp Kletterkurse und kombinierte Abenteuerpakete (mit Bungeejumping, Rafting oder Paragleiten) gibt es in der Pyhrn-Eisenwurzen, im Ötscherland und in der Region Hohe Wand, angeboten z. B. in Linz von Up & Down Sport Adventures (☎ 07 32/60 00 11) oder vom Alpinsportclub Hohe Wand (☎ 0 26 38/8 83 60).

Klettersteige für Mountainbiker gibt es genügend

Rad und Mountainbike

Die populärste Route ist der *Donauradweg,* der über 376 km dem Donauufer von Passau bis Hainburg an die slowakische Grenze folgt. Daneben hat sich ein ganzes Netz an kleineren, meist themenbezogenen Radwegen über beide Bundesländer gebreitet: die *10-Seen-Radtour* im Salzkammergut, der *Bandlkramerweg* im Waldviertel und der *Mostviertel-Eisenstraßenweg* gehören zu den schönsten. Allein in Oberösterreich wurden 300 km Forststraßen für Mountainbiker freigegeben, der Nationalpark Kalkalpen entpuppt sich als Paradies für Radindividualisten.

Feucht-fröhliches Abenteuer: River-Rafting

Tipp Eine ganze Reihe der Touren können bei der Oberösterreich-Touristik (s. S. 94) mit Zimmerreservierung und Leihrädern fix und fertig gebucht werden. Informationsmaterial rund ums Rad liefert die Österreich-Werbung (s. S. 94).

Wassersport

Segler, Surfer und Wasserskiläufer finden am Attersee, Mondsee, Traunsee und Wolfgangsee, in Niederösterreich am Stausee Ottenstein und an der Donau bei Korneuburg und Greifenstein ideale Bedingungen. Wen es eher in die dunklen Tiefen zieht, der kann das Tauchen in Schulen am Attersee (Tauchbasis Attersee, Gerhard Zumdohme, ☎ und ☎ 0 76 66/88 14), Mondsee, Hallstätter See und Erlaufsee (Harry´s Tauchschule, Harry Teltschik, ☎ 0 27 83/77 47, ☎ 71 58) erlernen.

Tipp Für Könner gibt es um 120 öS eine zwölf Monate gültige Dive-Card, die zum Tauchen in zahlreichen Seen berechtigt.

Abenteuer in fließenden Gewässern sind bei Flusswanderungen und Kanufahrten an der Thaya (Hotel Thaya in Raabs, ☎ 0 28 46/2 02, ☎ 2 02-20) und der Traun (Sport Zopf, Bad Goisern, ☎ 0 61 35/82 54, ☎ 74 09) garantiert; Wildwasserpaddeln und Rafting an der Steyr bei Hinterstoder (Up & Down Sport Adventures, s. S. 21), an der Salza, bei Göstling an der Ybbs (s. S. 73) oder an der Traun. Der neueste Trend heißt Flußtauchen und wird angeboten z. B. von der Tauchbasis Traunfall, 4907 Eberschwang 69, ☎ und ☎ (0 77 53) 32 05.

Golf

Die Landschaft des Alpenvorlandes sowie des Mühl- und Waldviertels scheint prädestiniert für den Golfsport. 27 Golfplätze gibt es allein in Niederösterreich. Als einer der schönsten gilt der Golfklub Waldviertel in Haugschlag, wo auch Österreichs größtes Profitur-

nier veranstaltet wird (☎ 0 28 65/84 41, ☎ 84 41 22). Der älteste Platz besteht seit 1926 am Semmering.

Oberösterreich steht dem Nachbarn mit 21 Anlagen kaum nach. Aushängeschild ist der Böhmerwald Golfpark bei Ulrichsberg, mit einem 18-Loch-Turnierplatz und einer 27-Loch-Anlage (☎ 0 72 88/82 00, ☎ 70 80).

Reiten

Wenn irgendwo in Oberösterreich die Pferdenarren unter sich sind, dann im Reit- und Pferdezentrum Hausruckhof in Ampflwang, Hausruckwald. Neben Training am Hof stehen auch mehrtägige Ausritte (auf 280 km Reitwegen!) auf dem Programm (☎ 0 76 75/24 21, ☎ 2 42 12 81). Abenteuer-Reittouren an und durch die Moldau in Südböhmen bietet der Wanderreiterhof Kern in Unterweißenbach an (☎ 0 79 56/71 01, ☎ 71 01 11).

Wintersport

In Niederösterreich bieten die Pisten am Hochkar, in Lackenhof am Ötscher und am Semmering auch anspruchsvollen Skifahrern und Snowboardern viel Abwechslung. Halfpipes gibt es in Lackenhof, in Mitterbach am Josefsberg und am Semmering-Hirschenkogel. Hinterstoder gilt als Oberösterreichs Skizentrum. Ein besonders reizvolles Panorama umgibt das Skigebiet der Zwieselalm bei Gosau am Fuße des Dachsteins.

Für kreative Geister

Ein beachtliches Angebot an Sommerakademien und Hobbykursen hat sich im Wald-und Weinviertel entwickelt. Zentrum ist **Stift Geras,** das seit mehreren Jahrzehnten das ganze Jahr hindurch Kurse in bildender Kunst und kunsthandwerklichen Techniken anbietet (☎ 0 29 12/3 32 39, ☎ 3 32 33).

Unterkunft

 Unterkünfte stehen überall in allen Kategorien zur Verfügung. Wer bereits ein Ziel ins Auge gefasst hat, fordert bei der Österreich-Werbung (s. S. 94) ein örtliches Unterkunftsverzeichnis an. Vor Ort geht man am besten in die Tourismusinformation. Nur in besonders beliebten Urlaubszielen ist zur Hauptreisezeit eine Reservierung ratsam.

Ampflwang im Hausruckwald ist das Mekka aller großen und kleinen Pferdefreunde

Urlaub am Bauernhof

Zwei, drei oder vier Blumen statt Sterne zeichnen die Qualität der Betriebe aus, die mit einem Schild „Beim Bauern zu Gast" versehen sind. Besonders groß und vielfältig ist das Angebot an Urlaubsbauernhöfen in Oberösterreich, wo sehr ambitionierte familienfreundliche Programme zur Auswahl stehen. In Niederösterreich besteht auch die Möglichkeit, die Ferien bei Winzern zu verbringen und die Arbeit in den Weinbergen kennen zu lernen. Unterkunftsverzeichnisse verschicken der Landesverband Urlaub auf dem Bauernhof OÖ, Auf der Gugl 3, 4021 Linz, ☏ 07 32/6 90 22 48, ☒ 69 02 48, sowie der Landesverband für Urlaub am Bauernhof in NÖ, Hauptplatz 17, 3650 Pöggstall, ☏ 0 27 58/31 10, ☒ 3 11 04.

Hütten

Auf Berghütten besteht meistens die Wahl zwischen (wenigen) Zimmern mit Betten und Schlaflagern. Für letzteres empfiehlt sich ein eigener Schlafsack. Bewirtschaftet sind die Hütten nur in der Sommersaison. Informationen: Österreichische Alpenverein, Rotenturmstr. 14, 1010 Wien, ☏ 01/5 13 10 03, ☒ 5 13 10 03 17.

Viele schöne alte Gasthöfe wurden zu komfortablen Urlaubsdomizilen ausgebaut

Auto

Auf allen österreichischen Autobahnen besteht Mautpflicht. Die Vignette *(Pickerl)* gibt es in drei Varianten (Jahres-, 2-Monats- oder Zehntagesvignette zu 550, 150, 70 öS) an größeren Grenzübergängen und bei den deutschen und Schweizer Automobilklubs (ADAC, TCS, ACS). Vignettenpflicht besteht in Niederösterreich auch auf der Semmeringschnellstraße (S6), der Kremser Schnellstraße (S33) und der Traisenschnellstraße (S34).

Die Höchstgeschwindigkeit für PKW liegt auf Autobahnen bei 130 km/h, auf Landstraßen bei 100 km/h, im Ortsgebiet bei 50 km/h, sofern nichts anderes angezeigt wird. Vorsicht: Die Gendarmerie blitzt viel und kassiert sofort ab! Es gilt die 0,5-Promillegrenze, kontrolliert wird v. a. in den Weingegenden. Es besteht Gurtanlegepflicht.

Pannendienste unterhalten der ÖAMTC (☎ 120) und der ARBÖ (☎ 123).

Bahn und Bus

Durch den Verlauf der Westbahnstrecke sind Ober- und Niederösterreich sehr gut an das internationale Bahnnetz angeschlossen. Zwar verkehrt die Bahn in Österreich nicht flächendeckend, aber Bundes- und Postbusse fahren selbst abgelegene Täler und kleine Dörfer an. Zentrale Informationsstelle der ÖBB: Elisabethstr. 9, 1010 Wien, ☎ (01) 58 00. Allgemeine Zugsauskunft: ☎ 17 17, mit der Vorwahl 01 (Wien), 07 32 (Linz), 0 27 42 (St. Pölten). Allgemeine Busauskunft: ☎ (06 60) 51 88 (tgl. 7–19 Uhr).

Flughäfen

Wien-Schwechat, ☎ (01) 70 07 22 31; Linz-Hörsching, ☎ (0 72 21) 6 00, Info-Hotline 600–221 und 600–225.

Unter der Klangwolke

Linz (209 000 Einw.) hat's nicht leicht. Da sind die Hochöfen der VOEST und die Schlote der Chemie Linz, die der oberösterreichischen Hauptstadt den Stempel eines Stahl- und Industriestandortes aufdrücken. Da war die jüngere Vergangenheit, in der es zum fragwürdigen Liebkind eines Führers avancierte. Doch Linz hat im technologischen Fortschritt eine neue kulturelle Identität entdeckt. Die Ars Electronica lockt alle Größen der Computerkunst an die Donau, einmal jährlich taucht die ganze Stadt in eine multimediale Klangwolke. Verlässt man das Museum des 21. Jahrhunderts in Richtung Hauptplatz, entdeckt man ein ganz anderes Linz, dessen historischer Kern bis ins Mittelalter zurückweist.

Geschichte

Das Römerkastell Lentia war einer von zahlreichen Stützpunkten, mit denen die Römer ihr Reich entlang der Donaulimes absicherten. Im Jahr 799 erwähnt erstmals eine Urkunde die Martinskirche, rund um die eine neue Siedlung unter der Herrschaft der Karolinger entstanden war. Das Marktwesen blühte auf, der Handel mit den Nachbarländern Böhmen und Mähren kam in Gang.

Eine neue Zeit brachten die Babenberger, die zu Beginn des 13. Jhs. Linz erwarben und den Ausbau der Siedlung vorantrieben. Zu Ehren stieg Linz zwischen 1489 und 1493 auf, als Kaiser Friedrich III. Linz für vier Jahre zur Kaiserstadt und 1490 zur Hauptstadt des Landes Ob der Enns erhob.

Zu Beginn des 19. Jhs. fielen die alten Befestigungsanlagen, die einsetzende

Industrialisierung veränderte den Charakter der Stadt. 1832 eröffnete Kaiser Franz I. die Pferdeeisenbahn zwischen Linz und Budweis, die erste Schienenbahn Europas, 1837 wurde die Dampfschifffahrt auf der Donau aufgenommen, 1892 die Linzer Schiffswerft gegründet.

Seite 27

Historische Fassaden aus dem 17. bis 19. Jh. prägen die vielen großzügigen Plätze von Linz

Ehrgeizige Pläne hatte Adolf Hitler mit der Stadt seiner Jugend, die er gerne nach seinen Vorstellungen zur „schönsten Stadt an der Donau und zur Stadt der Künste" umgebaut hätte. Nur wenige Tage nach dem Anschluss hielt man Ausschau nach einem Standort für die Reichswerke Hermann Göring (die heutigen VOEST), deren Bau im Mai 1938 begann. So war es kein Wunder, dass der wichtige Industriestandort im Zweiten Weltkrieg bevorzugtes Ziel für Bombenangriffe wurde, die schwere Schäden anrichteten.

Rund um den Hauptplatz

Im 13. Jh. legten die Babenberger einen Platz von 220 m Länge und 60 m Breite an, der eine ideale Marktfläche bot. Noch heute wird am Linzer *Hauptplatz ❶ gehandelt: jeden Samstagvormittag auf dem Flohmarkt mit altem Tand (außer Nov. bis Feb.). Auffälligster Bau auf dieser riesigen autofreien Fläche ist das 1513 entstandene *Alte Rathaus,* das mit einem achtseitigen turmähnlichen Erker abschließt und 1658 eine barocke Fassade erhielt.

Über die Rathausgasse gelangt man zur *Stadtpfarrkirche ❷, in der Herz und Eingeweide des in Linz verstorbenen Kaisers Friedrich III. (1440–1493) bestattet wurden. Im Zuge der Barockisierung erhielt die ursprünglich spätgotische Kirche ein Deckenfresko von Bartolomeo Altomonte.

Wenige Schritte weiter ragt die mächtige doppeltürmige Fassade des 1669 und 1673 von Pietro Francesco Carlone

Wuchtige Neogotik: Der Neue Dom ist die größte Kirche Österreichs

errichteten ***Alten Domes** ❸ empor. Besonders eindrucksvoll ist die opulente Stuckverzierung im Langhaus. Die Orgel bediente zwischen 1856 und 1868 der Domorganist Anton Bruckner.

Das ***Landhaus** ❹, Sitz der oberösterreichischen Landesregierung, weist mit seinem marmornen Nordportal und dem großen Arkadenhof zurück in die Zeit der Renaissance. Blickfang des größten der drei Innenhöfe ist der Planetenbrunnen aus dem Jahr 1582.

Seite 27

Die größte Kirche Österreichs erreicht man über die Herrengasse. 20 000 Gläubige kann der 1924 geweihte neugotische **Neue Dom** ❺ in seinem über 130 m langen, dreischiffigen Langhaus aufnehmen. Zur Weihnachtszeit erfreuen sich viele Menschen an der prächtigen Krippe.

An der Donaulände

Deutlicher könnte der Kontrast nicht sein, den die kleine am Römerberg gelegene ***Martinskirche** ❻ setzt. Fresken aus dem 14. und 15. Jh. zieren den erstmals 799 erwähnten Kirchenbau, der durch seine unprätentiöse Schlichtheit besticht. Das im selben Jahr erstmals genannte **Schloss** ❼ bewohnte Kaiser Friedrich III. während seiner letzten Lebensjahre. Aus einem verheerenden Brand 1800 ging nur das alte Friedrichstor einigermaßen unversehrt hervor. Heute birgt der nüchterne viergeschossige Block das *Landesmuseum* mit historischen und volkskundlichen Sammlungen (◷ Di–Fr 9–17, Sa, So 10–16 Uhr). Auf dem Rückweg zum Hauptplatz gerät man in der schmalen Hofgasse in tiefstes Mittelalter.

Die Kunst und die Museen

An der Unteren Donaulände wurde Anfang der 70er Jahre mit dem **Brucknerhaus** ❽ ein damals innovativer Akzent gesetzt. Die geschwungene Glas-Stahl-Konstruktion ist u. a. Schauplatz des Internationalen Brucknerfestes im September (Tageskasse ☏ 77 52 30). Im Parkgelände um das Brucknerhaus stellt das **Forum Metall** Metallskulpturen internationaler Künstler aus.

Das **Adalbert-Stifter-Haus** ❾ beschränkt sich nicht nur darauf, Gedenkraum mit Erinnerungen an den Böhmerwald-Dichter zu sein, sondern hat sich darüber hinaus als ein Zentrum der regionalen Literaturszene etabliert (◷ Di–Fr 9–12, Di und Do 14–18 Uhr).

Virtual Art

Das **Ars Electronica Center** ❿, jenseits der Nibelungenbrücke, widmet sich neuesten Computertechnologien und entführt ins 21. Jahrundert (◷ Mi bis So 11–19 Uhr; Internet http://www.aec.at).

Die Malerei des 19. und 20. Jhs. steht im Mittelpunkt der **Neuen Galerie der Stadt Linz** ⓫, u.a. mit Werken von Klimt, Schiele, Picasso und Matisse (◷ Sept. bis Ende Mai tgl. 10–18, Do 10–22 Uhr; Ende Mai bis Ende Aug. Mo–Fr 10–18, Do 10–22, Sa 10–13 Uhr, So und Fei geschl.). Auf das Schaffen oberösterreichischer Künstler der jüngsten Zeit legt die Landesgalerie im **Museum Francisco Carolinum** ⓬ seinen Schwerpunkt. Außerdem gastieren in dem Renaissancegebäude Sonderausstellungen zu natur- und kulturgeschichtlichen Themen (◷ Di–Fr 9–18, Sa und So 10–17 Uhr).

Tipp *Work in progress* heißt die Formel im **Offenen Kulturhaus** ⓭, wo zeitgenössische Künstler jeweils mehrere Wochen ihre Konzepte realisieren und ausstellen (Dametzstraße 30, ☏ 07 32/78 41 78; ◷ Mi–So 10–18, Di 10–20 Uhr.) Im gleichen Haus können Sie im *Movimento* Filme abseits des Mainstreams ansehen.

Der Szenentreff **Gelbes Krokodil**, ebenfalls im Offenen Kulturhaus, ist ein guter Platz, den Tag zu beenden – oder zu beginnen (◷ 11–1, Sa, So 17–1 Uhr).

❶ Hauptplatz
❷ Stadtpfarrkirche
❸ Alter Dom
❹ Landhaus
❺ Neuer Dom
❻ Martinskirche
❼ Schloss
❽ Brucknerhaus
❾ Adalbert-Stifter-Haus
❿ Ars Electronica Center
⓫ Neue Galerie der Stadt Linz
⓬ Museum Francisco Carolinum
⓭ Offenes Kulturhaus
⓮ Talstation der Pöstlingbahn

Seite 27

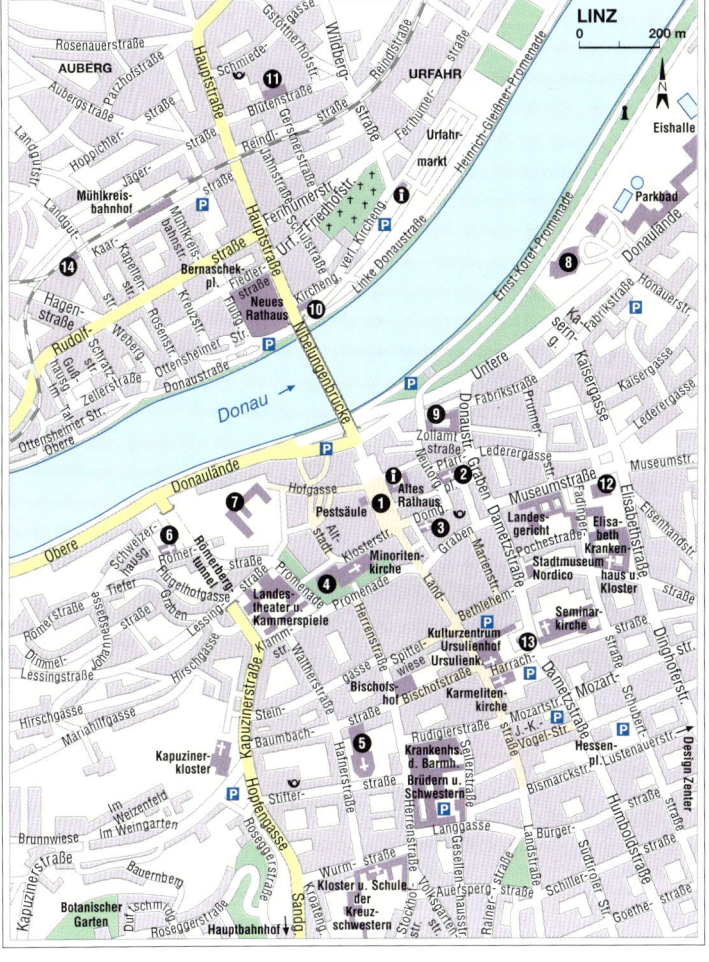

Praktische Hinweise

 Tourist Information, Hauptplatz 1, ☏ (07 32) 70 70-17 77, -17 79, ✉ 77 28 73; Urfahrmarkt 1, ☏ 70 70 29 20 29, ✉ 70 04 94, und am Hauptbahnhof.

Seite 27

↝ 15 km südwestlich von Linz, ☏ (0 72 21) 600-0. Taxis in die City ca. 280 öS; ☏ 17 18.

🚆 Bahnhofsplatz, ☏ 17 17.

🚌 ÖBB-Busbahnhof am Hauptbahnhof, ☏ 17 17, Postbusse ☏ 16 71.

Öffentliche Verkehrsmittel: Das Netz der ESG umfasst Straßenbahnen, Autobus- und Obuslinien. Übertragbare Tageskarte „MAXI" zu 36 öS, an Automaten und in Tabak-Trafiken.

Kostenlose Großparkplätze: Brucknerhaus-Parkplatz (Honauerstraße/Fabrikstraße); Urfahrmarkt-Gelände (nahe der Nibelungenbrücke neben dem Urfahr-Friedhof).

Fahrradverleih: Hauptbahnhof, Bahnhofsplatz 9, ☏ 17 00.

Digital City

1979 wurde die erste Ars Electronica veranstaltet, ein Festival, das der Kunst mit elektronischen Medien eine Plattform bieten wollte. Starkes internationales Echo machte Linz rasch zu einem der wichtigsten Treffpunkte im Bereich der Computerkunst, sodass 1987 das Programmspektrum erweitert wurde. Installationen, Konzerte, Ausstellungen und ein Symposium setzen sich seitdem einmal im Jahr mit neuen Technologien, Kunst und Gesellschaft auseinander, zum Abschluss wird der Prix Ars Electronica vergeben, weltweit der am großzügigsten dotierte Preis für Computerkunst. 1996 dann der dritte Entwicklungssprung: Im Ars Electronica Center wurden neue Technologien nicht nur zur Schau gestellt, sondern interaktiv erlebbar gemacht.

Linz von oben

Ein nostalgischer Ausflug endet auf dem 538 m hohen **Pöstlingberg:** Europas steilste Adhäsionsbahn legt von der Talstation ⓮ seit 1898 die 255 Höhenmeter in 16 Minuten zurück.

 Landgraf-Suites, Hauptstr. 12, ☏ 7 36 44 10, ✉ 73 08 41. Luxuriös ausgestattetes Suiten-Hotel. Ⓢ⟩⟩

Austria Classic Hotel Wolfinger, Hauptplatz 19, ☏ 77 32 91, ✉ 77 32 91-55. Traditionsreiche Unterkunft mitten im Zentrum. Ⓢ

Gasthof Donautal, Obere Donaulände 105, ☏ 79 55 66, ✉ 7 95 56 67. Einfache Unterkunft in schöner, etwas dezentraler Lage am Donauufer. Ⓢ

 Kremsmünsterer Stuben, Altstadt 10, ☏ 78 21 11. Feines vom Haubenkoch in historischem Gewölbe. Ⓢ⟩⟩

Restaurant Ursulinenhof, Landstr. 31, ☏ 77 46 86. Kreative Küche mit regionalen Produkten. Ⓢ⟩

Stadtwirt, Bismarckstr. 1, ☏ 77 31 65. Klassische österreichische Küche. Ⓢ

Café Traxlmayr, Promenade 16. Im Stil der Wiener Kaffeehäuser, große Terrasse.

 Theater Phönix, Wiener Straße 25, ☏ 66 65 00. Zeitgenössisches Theater. Ⓢ⟩⟩

Posthof, Posthofstr. 43, ☏ 78 18 00. Szenentreff bei Musik, Tanz und Kabarett. Zwischen Hofgasse und Promenade konzentriert sich in der Altstadt die Pub- und Beislszene.

 Konditorei Wagner, Landstraße 15. Linzer Torten, Taler oder Bruckner-Noten aus der ältesten Konditorei der Stadt.

Jindrak, Herrenstr. 22. Traditionelle Konditorei mit köstlichen Mehlspeisen.

Bauernmarkt jeden Sa 6–13 Uhr beim Neuen Rathaus.

St. Pölten

Metropole im Kommen

St. Pölten (50 000 Einw.) erlebte eine
große Zeit, als sich berühmte Barockbaumeister in seinen Mauern niederließen und ihren unstillbaren Arbeits-
eifer lustvoll auslebten. 1986, als
St. Pölten zur niederösterreichischen
Landeshauptstadt auserkoren wurde,
dann der Startschuss in eine neue
Zeit – katapultartig. Denn wohin mit
all den Parlamentariern und Amtsdie-
nern, Gremien, Behörden und Vertre-
tungen, Archiven, Museen und Biblio-
theken? Ein ganzes Viertel wurde
zum Spielplatz moderner Architekten.
Sehenswertes ist daraus entstanden
und wächst immer noch. Die neuen
Kleider, die die Stadt in aller Eile
überstreifte, scheinen noch etwas zu
groß, doch wird es interessant sein
zuzusehen, wie sie langsam in eine
neue Dimension hineinwächst.

*Wundervoller Jugendstil:
das Stöhr-Haus, St. Pölten*

Seite
31

Geschichte

St. Pölten blickt weit zurück. Der römische Kaiser Hadrian erhob das an der
Stelle der heutigen Altstadt entstandene Cetium im Jahr 122 n. Chr.
zum „municipium aelium".
Ab dem 4. Jh. wurde es still
um Aelium Cetium. Nach den
Wirren der Völkerwande-
rungszeit kam es hier Ende
des 8. Jhs. zur ersten Kloster-
gründung. Bayerische Bene-
diktinermönche wurden an
die dem hl. Hippolyt geweihte Abtei geholt. Vom Na-
menspatron des frühen Klosters leitet die Stadt St.
Pölten ihren Namen ab.

1159 verlieh der Bischof von
Passau der Siedlung das
Stadtrecht – das älteste in

*St. Pöltens Domkirche wurde
von Jakob Prandtauer und Josef
Munggenast barockisiert*

Seite 31

Ein neues Image

Jüngster Höhepunkt in der Stadtgeschichte war der 10. Juli 1986 mit der Erhebung St. Pöltens zur Landeshauptstadt. Ein Stadtviertel aus Glas und Beton war der erste Schritt, um der etwas verträumten Barockstadt ein neues Image zu verpassen. Im Frühjahr 1997 zog die niederösterreichische Landesregierung aus der Wiener Herrengasse ins hochmoderne Regierungsgelände um.

Österreich. Reformation, Bauernkriege und auch der Einfall der Türken bestimmten das Schicksal von St. Pölten, bevor sein baulicher Charakter während des Barocks entscheidend geprägt wurde. Nicht nur Jakob Prandtauer hatte hier seinen Wohnsitz, 1717 folgte ihm sein Vetter Josef Munggenast. Den entscheidenden wirtschaftlichen Impuls setzte 1858 die Westbahn.

Rund um den Rathausplatz

Im 13. Jh. wurde an der Stelle des heutigen **Rathausplatzes** ❶ eine Fläche freigelegt, die bald nur noch „Breiter Markt" hieß. Dass dies jedoch nicht die Anfänge des Marktgeschehens waren, bewiesen römische Ausgrabungen in den achtziger Jahren, die die Reste einer Markthalle freilegten.

Am Haupteingang des **Rathauses** ❷ verweisen gotische Sitznischen auf die Entstehungszeit des Gebäudes, das bereits 1503 in seiner Funktion als Bürgervertretung erwähnt wurde. Eine Tafel aus dem Jahr 1590 weist den Bau auch als Verkaufsstelle für Brot und Salz aus. Im Jahr darauf wurde der Turm fertig gestellt. Die jetzige Fassade gestaltete Josef Munggenast.

Augen auf heißt es beim Überqueren des Platzes, den stilvolle Barockbauten säumen. Besonderes Schmuckstück ist die Fassade des *Franziskanerklosters*, die dahinter liegende ***Franziskaner-**

kirche ❸ besitzt eine bemerkenswerte Rokokokanzel und vier Seitenaltarbilder von Martin Johann Schmidt. Bevor man den Barockparcours in der Prandtauerstraße fortsetzt, ein heftiger Kontrast im kleinen **Museum im Hof** ❹: Es dokumentiert die Geschichte der Arbeiterbewegung und der Sozialdemokratie im St. Pöltener Raum (🕐 Mi, Fr, Sa 9–12 Uhr, ☎ 0 72 42/34 78 13).

Die häufig als Prandtauerkirche bezeichnete **Karmeliterinnenkirche** ❺ geht auf eine Stiftung der Fürstin Montecuccoli zurück. Jakob Prandtauer leitete die Ausführung der 1712 fertig gestellten Kirche, die sich durch ihre konkave Fassadenform auszeichnet. Beinahe zur selben Zeit liefen auch Bemühungen, in St. Pölten ein ***Institut der Englischen Fräulein** ❻ einzurichten, jener 1617 von Mary Ward in Belgien initiierten religiösen Schule für adelige Töchter. 1717 begann in der Linzer Straße der Unterricht, neben dem auch Gebete und Andacht einen festen Platz im Tagesablauf einnahmen. Grund genug, ein Barockjuwel von einer Kirche zu konzipieren, mit einem Kuppelfresko von Paul Troger.

Riemer-, Herren- und Domplatz

Auf den ersten Blick würde man den kleinen ***Riemerplatz** ❼ nicht für die einstige Schnittstelle in der Stadt halten. Vor den noblen Barockpalais kreuzten sich bis 1930 sämtliche Verkehrsadern St. Pöltens.

In seinen historischen Fassaden noch beeindruckender ist der benachbarte ***Herrenplatz** ❽. Wie plastisch die Darstellung der Mächte des Lichtes und der Finsternis im Frontgiebel des Palais auf Nummer 2, möglicherweise ein Entwurf des Bildhauers Georg Raphael Donner. Die Mitte des Platzes ziert eine 1718 errichtete Marienstatue. Der hier täglich abgehaltene Markt war die Inspirationsquelle für die *Brunnenskulptur der Tratschenden Frauen*.

Platz Nummer drei, der **Domplatz** ❾, wird an der Westseite vom ehemaligen Sparkassengebäude begrenzt, dessen Giebel ein Mosaik von Gustav Klimt schmückt. Nord- und Ostseite beherrschen der Dom und das Bistumsgebäude. Das Karrée selbst löste 1876 den Rathausplatz als Ort des Wochenmarktes ab. Auch heute schlagen hier die Händler ihre Stände auf (◔ Fr 7–11.30 Uhr).

Auf die frühen Anfänge des Hippolytklosters weisen heute nur noch wenige Reste in der von Jakob Prandtauer und Josef Munggenast prunkvoll barockisierten ★**Domkirche** hin, etwa die spätromanische Rosenkranzkapelle. Die Deckenmalerei geht auf Bartolomeo Altomonte zurück, von Daniel Gran blieben nur die Altarbilder von vier Seitenaltären erhalten, seine Kuppelfresken wurden übermalt.

❶ Rathausplatz
❷ Rathaus
❸ Franziskanerkirche
❹ Museum im Hof
❺ Karmeliterinnenkirche
❻ Institut der Englischen Fräulein
❼ Riemerplatz
❽ Herrenplatz
❾ Domplatz
❿ Stöhr-Haus
⓫ Klangturm
⓬ Landtagsschiff
⓭ Fest.Spiel.Haus
⓮ Shed-Halle
⓯ Niederösterreichisches Landesmuseum
⓰ Landhaus-Boulevard

Seite 31

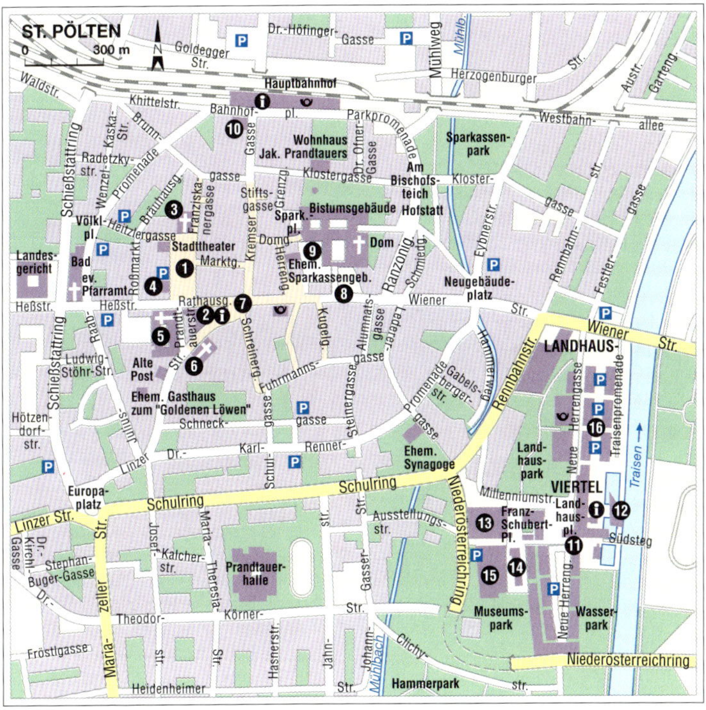

Die neue Welt der Architektur

Um den Sprung in eine ganz andere, zeitlich weit entfernte architektonische Ära etwas zu mildern, könnte man zunächst auf der Kremser Gasse Richtung Bahnhofsplatz gehen, denn dort ist das **Stöhr-Haus** zu bewundern. Joseph Maria Olbrich, der Architekt der Wiener Secession, gestaltete die Fassade des Jugendstilgebäudes.

Galt bisher der Turm des Domes als Wahrzeichen der Stadt, so hat er jüngst in einem Emporkömmling aus Glas und Stahl Konkurrenz erhalten. Der ***Klangturm** ⓫, eine Konstruktion mit schwebenden Kugeln, die als Klangräume funktionieren, steht im Zentrum des neu angelegten Regierungsviertels (🕐 Di–Fr 9–12, 13–18, Sa, So 14–18 Uhr). Das niederösterreichische Landesparlament tagt in einem über einem Wasserbecken konstruierten Halbrund, dem **Landtagsschiff** ⓬. Neue kulturelle Akzente setzen die klare Silhouette des **Fest.Spiel.Hauses** ⓭ sowie die vom Stararchitekten Hans Hollein für temporäre Ausstellungen konzipierte **Shed-Halle** ⓮ (🕐 Di–So 9–17 Uhr). Komplettiert wird das zeitgeistige architektonische Ensemble durch das **Niederösterreichische Landesmuseum** ⓯, das ebenfalls nach Holleins Plänen 2002 fertig gestellt sein soll. Die Geschäfte und Cafés des **Landhaus-Boulevards** ⓰ sollen dem administrativen Viertel städtisches Flair geben.

Praktische Hinweise

Tourismusinformation, Rathausplatz 1, ☎ (0 27 42) 3 33-28 10, 📠 3 33-28 19.

🚃 Hauptbahnhof, Bahnhofsplatz 1, Zugauskunft ☎ 17 17. Ausgangspunkt der Mariazeller Bahn.

🚌 Hauptbahnhof, Bahnhofsplatz 1, ☎ 3 23 32 55. Innerstädtische Busverbindungen mit dem City-Bus im 15-Minuten-Takt.

Fahrradverleih: Hauptbahnhof, ☎ 3 23 38 76; 🕐 tgl. 7–18 Uhr.

Hotel Metropol, Schillerplatz 1, ☎ 7 07 00, 📠 70 70 01 33. Elegantes Komforthotel. Ⓢ
Stadthotel Hausereck, Schulgasse 2, ☎ 7 33 36, 📠 7 83 86. Unterkunft in einem Jugendstilhaus. Ⓢ
Zum Roten Hahn, Teufelhoferstr. 26, ☎ 7 29 06, 📠 7 29 06 59. Gemütliche Pension am Stadtrand. Ⓢ

Restaurant Galerie, Fuhrmannsgasse 1, ☎ 35 13 05. Anspruchsvolle Küche in geschmackvollem Ambiente. Ⓢ-ⓈⓈ
Parzer & Reibenwein, Riemerplatz 1, ☎ 35 30 17 31. Einzigartiger Rahmen in einem Barockpalais. Ⓢ
Kulturgaststätte Figl, Hauptplatz 4, St. Pölten-Ratzersdorf, ☎ 25 74 02. Gemütliche Wirtshausatmosphäre. Ⓢ

Fest.Spiel.Haus, Franz Schubert Platz 2, ☎ 2 01-0. Musik, Theater, Tanz von Klassik bis Avantgarde.
Bühne im Hof, Linzer Str. 18, ☎ 35 22 91. Haus der jungen Szene.
Stadttheater, Rathausplatz 11, ☎ 35 20 26. Klassisches Repertoiretheater von Qualität.

Wochenmarkt jeden Freitag von 7 bis 11.30 Uhr am Domplatz.

Ausflug nach *Herzogenburg

12 km nördlich liegt das Augustiner-Chorherrenstift Herzogenburg, ein Musterbeispiel spätbarocker Klosterarchitektur, an dem Jakob Prandtauer, Josef Munggenast und Johann Bernhard Fischer von Erlach zusammenwirkten. Der eigenwillige Kirchturm trägt einen Herzogshut. Eine Kunstsammlung zeigt gotische Tafelbilder und barocke Schätze (🕐 April-Okt. tgl. 9–11, 13–17 Uhr, Führungen zur vollen Stunde).

** Krems

Zwei Schwestern

Die eine ist lang und schlank, die andere füllig. Jede hat ihren eigenen Charakter, und doch sind die gemeinsamen Wurzeln kaum zu leugnen. Die lange Vergangenheit der beiden lässt sich an den Fassaden und Höfen, Gassen und Marktplätzen ablesen, die mit besonderer Sorgfalt instand gehalten werden. Als Musterbeispiele der Altstadtsanierung rühmt man Krems und Stein (23 000 Einw.), denen es gelang, altes Gemäuer neu zu beleben und am nördlichen Eingangstor zur Wachau ein Plätzchen zu schaffen, das auf das Lebensgefühl eines besonderen Landstrichs einstimmt.

Haus „Zu den Vier Jahreszeiten"

Seite 35

Geschichte

1995 feierte die Stadt Krems ihr 1000-jähriges Bestehen und verwies dabei in aller Bescheidenheit einzig und allein auf die erste gesicherte urkundliche Erwähnung als „urbs Chremisa". Macht man sich jedoch auf die Suche nach den ältesten Siedlungsspuren, gelangt man zurück bis in die Altsteinzeit. Die 30 000 Jahre alte Venus vom Galgenberg, eine 1989 bei Grabungen entdeckte Statuette, ist die bemerkenswerteste Zeugin dieser Epoche.

Das ehemalige Mauthaus am Schürerplatz in Stein

Ab 1000 wurde das städtische Leben besonders rege. In der Münzstätte bei der Burg ließen die Babenberger ab 1120 ihre älteste Münze schlagen, den Kremser Pfennig. Wie weit damals der Ruf von Krems in die Ferne drang, beweist die Weltkarte des arabischen Geografen Idrisi, der Krems als eine der wichtigsten Donaustädte ver-

Pfarrkirche St. Nikolaus und Frauenbergkirche in Stein

Glücksfall

Einem Versäumnis ist es zu verdanken, dass Krems bis heute seinen un-
verfälschten Charme bewahr hat.
Mangels finanzieller Mittel – den
Anschluss an die Westbahnstrecke
und somit an industrielle Segnungen
hatte man verpasst – blieb die Altstadt von allen Neuerungen ver-
schont. Erst in den 70er Jahren hat
man die gotische bis barocke Bausubstanz mustergültig renoviert.

Seite
35

zeichnete. 1072 drängte sich auch die
Schwesterstadt Stein ins Rampenlicht.
Ihr Wohlstand erwuchs aus dem Ge-
schäft mit Eisen und Salz auf der
Donau und aus dem Weinbau. 1305 er-
hielten beide ein gemeinsames Stadtrecht, ein Bund, der bis 1849 währte.
Als dann 1436 ein fester Donauüber-
gang genehmigt wurde, nahm der
Reichtum des Bürgertums weiter zu, erkennbar bis heute in der Architektur.

An der Oberen Landstraße

Betritt man Krems von Westen her,
muss man durch das von zwei gedrun-
gen wirkenden Trabantentürmen flan-
kierte **Steiner Tor ❶**. Bevor man von
der Fußgängerzone in die höheren La-
gen der Stadt hinaufsteigt, noch ein

Blick auf die vor jedem Haus anders
gemusterte Straßenpflasterung. Beinahe südländisch wirkt der Renaissance-
Arkadenhof aus dem Jahr 1584 in der
Alten Post, dem ältesten Gasthaus der
Stadt. Über die Schmidgasse erreicht
man den ersten der zahlreichen Markt-
plätze, den ★ **Körnermarkt ❷**, den eini-
ge bemerkenswerte Rokoko-Fassaden
(Haus „Zu den Vier Jahreszeiten", Nr. 4,
„Mesnerhaus", Nr. 8) säumen. An der
Dominikanerkirche ❸ lässt sich der
Übergang vom romanischen zum gotischen Stil ablesen. Nach der Schlie-
ßung des Klosters durch Joseph II. 1785
überstürzten sich die Karrierestationen
in rascher Folge: Knopffabrik, Theater,
Kino, Feuerwehrhaus – verschiedenste
Institutionen richteten sich ein, ehe
man renovierte. Nun ist im ★ **WEIN-
STADTmuseum** neben historischen
Sammlungen auch ein Teil der klöster-
lichen Kelleranlagen zu sehen (March
bis Nov. Di 9–18, Mi–So 13–18 Uhr).

Der Pfarrplatz mit der dem hl. Veit ge-
widmeten **Stadtpfarrkirche ❹** ist das
Zentrum der Unterstadt. Die zunächst
romanische, später gotische Anlage
wurde Anfang des 17. Jhs. abgetragen
und als erster Bau der Umgebung im
frühbarocken Stil neu errichtet, wobei
der Italiener Cypriano Biasino die Arbeiten leitete. Martin Johann Schmidt,
der lange Zeit in Krems wohnte und
deshalb als Kremser Schmidt bekannt

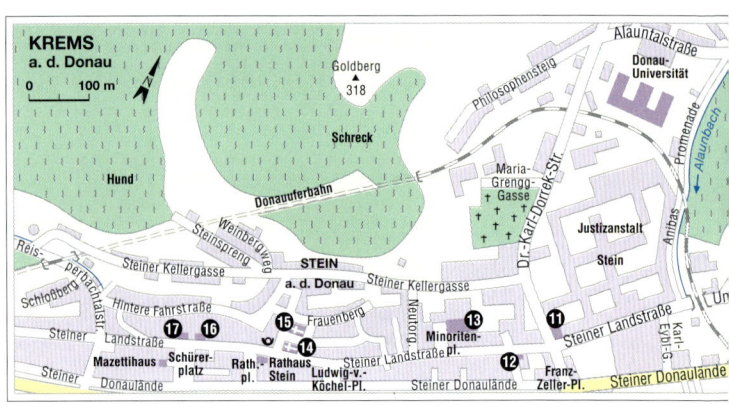

wurde, schuf die Deckenfresken und die Altarbilder von drei Seitenaltären.

An der Unteren Landstraße

Zwei Möglichkeiten gibt es von hier aus, die oberste und älteste Ebene von Krems zu erreichen: Über die Frauenbergstiege zur erstmals 1014 belegten **Piaristenkirche ❺** – auch sie besitzt im Hochaltarbild ein frühes Meisterwerk des Kremser Schmidts – oder über die Margarethenstraße vorbei an der aus dem 16. Jh. stammenden Fassade des **★ Großen Sgrafittohauses ❻**, heute ein stilvolles Wohnhaus.

Der **★★ Hohe Markt ❼** bildet den ältesten Kern des historischen Stadtensembles, der sich nicht nur geografisch, sondern in seiner Einheit auch ästhetisch vom Rest von Krems abhebt. Als die Fluchtburg durch das rasche Wachstum der Stadt ihre Funktion nicht mehr erfüllen konnte, kaufte sie 1275 der reiche italienische Stadtrichter von Krems, Gozzo, und ließ unter Verwendung der alten Anlage nach oberitalienischem Vorbild ein Palais erbauen, die heutige **★ Gozzoburg ❽**. Über die Wegscheid und den **Simandlbrunnen ❾**, eine Hommage an den reuigen Pantoffelhelden, der nach ausgedehntem Weingenuss sein zürnendes Weib auf Knien um Einlass bittet, geht es zurück zur Fußgängerzone.

Simandlbrunnen

Seite
35

❶ Steiner Tor
❷ Körnermarkt
❸ Dominikanerkirche
❹ Stadtpfarrkirche
❺ Piaristenkirche
❻ Großes Sgrafittohaus
❼ Hoher Markt
❽ Gozzoburg
❾ Simandlbrunnen
❿ Kapuzinerkloster Und
⓫ Kunst.Halle.Krems
⓬ Kremser Tor
⓭ Minoritenkirche
⓮ Zum hl. Nikolaus
⓯ Frauenbergkirche
⓰ Großer Passauerhof
⓱ Mauthaus

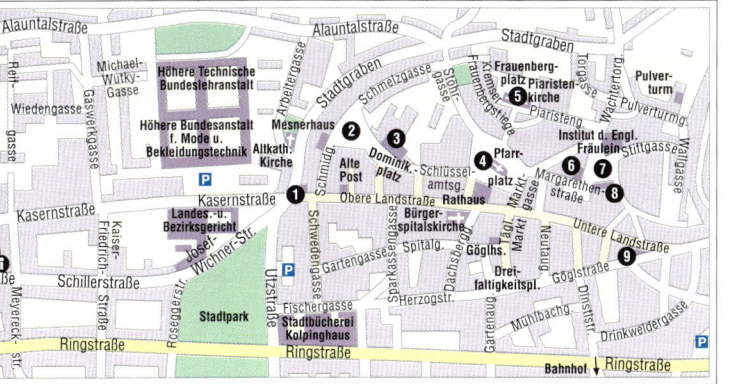

... und Stein

„Was liegt zwischen Krems und Stein?" Diese uralte Scherzfrage stellten sich schon die Donauschiffer des Mittelalters. Auf halbem Weg zwischen den beiden Städten breitet sich das ehemalige **Kapuzinerkloster Und ❿** aus, eine Gründung aus dem Jahr 1614, die ihren scheinbar kuriosen Namen von der lateinischen Bezeichnung für „Welle" („unda") ableitet.

Tipp! Wer die renovierten Klosterräume heute betritt, glaubt fest an die Qualität des niederösterreichischen Weines, der in weit über 100 Varianten in einer Vinothek und im historischen Weinkeller gekostet und gekauft werden darf (◎ Mitte März bis 23. Dez. Mi–So 13–19 Uhr).

Die **Kunst.Halle.Krems ⓫** vor den Toren von Stein setzt mit ihren Ausstellungen zur Malerei und Fotografie des 20. Jhs. einen wesentlichen kulturellen Akzent und stieg in kurzer Zeit zur bedeutendsten Ausstellungshalle Niederösterreichs auf (◎ Di–So 10–18 Uhr).

Deutlicher als das Steiner Tor vermittelt der Durchgang durch das **Kremser Tor ⓬** am Osteingang von Stein den Eindruck, in vergangene Zeiten einzutauchen. Die **∗Minoritenkirche ⓭** (13. Jh.) ereilte dasselbe Schicksal wie die Kremser Dominikanerkirche. Auch sie wird heute als Dependance der Kunst.Halle genutzt und setzt dank ihres noch stark romanischen Charakters einen markanten Kontrast zu den zeitgenössischen Exponaten.

Als unzertrennliches Paar und Wahrzeichen von Stein gelten die beiden Kirchtürme der **∗Pfarrkirche zum hl. Nikolaus ⓮** und der viel schwerfälliger wirkenden **Frauenbergkirche ⓯**. In ersterer führte der Kremser Schmidt mit der Darstellung des Schutzheiligen der Schiffer am Hochaltar einen seiner ersten Großaufträge durch. Aus der Häuserfront entlang des *Schürerplatzes* stechen zwei außerordentliche Fassaden hervor: der **Große Passauerhof ⓰**,

seit 1263 als Gutsverwaltung des Bistums Passau belegt, und das ehemalige **∗Mauthaus ⓱**, ein Bürgerhaus der Renaissance, bei dessen Restaurierung Fresken aus der Entstehungszeit zum Vorschein kamen.

Praktische Hinweise

Tourismusinformation, Undstr. 6, ☎ (0 27 32) 8 26 76, 📠 7 00 11.

🚆 Bahnhofsplatz 2, ☎ 82 53 60.

🚌 Bahnhofsplatz 3, ☎ 82 53 63 90.

🚢 Donaufahrten der DDSG zwischen Melk und Krems, ☎ (01) 7 27 50, 📠 72 75 04 40.

Fahrradverleih: Bahnhof, Bahnhofsplatz 2, ☎ 82 53 63 31; Radstudio Krems, Hafnerplatz 5, ☎ 8 18 80.

Steigenberger Avance Hotel, Am Goldberg 2, ☎ 7 10 10, 📠 7 10 10 50. Komforthotel in einmaliger Lage in den Weinbergen. Ⓢ

Gourmethotel Am Förthof, Förthofer Donaulände 8, ☎ 8 33 45, 📠 8 33 45 40. Stilvolles Landhotel mit exzellenter Küche. Ⓢ

Gästehaus Einzinger, Steiner Landstr. 16, ☎ 8 23 16, 📠 82 31 66. Familiäre Pension mit Renaissance-Arkadenhof. Ⓢ

Zum Kaiser von Österreich, Körnermarkt 9, ☎ 8 60 01. Anspruchsvolles aus der österreichischen Küche. Ⓢ

Alte Post, Landstraße 32, ☎ 8 22 76. Traditionelle Küche im ältesten Gasthof von Krems. Ⓢ

Anton Zöhrer, Sandgrube 1, ☎ 8 31 91; ◎ tgl. 16–24 Uhr. Winzer mit Heurigenbetrieb. Ⓢ

Wolfgang Aigner, Weinzierl 53, ☎ 0 27 52/8 45 58. Besonderen Ruf genießt der Grüne Veltliner des Winzers. Kostproben nach Voranmeldung.

Bauernmarkt jeden Fr 7.30–13 Uhr am Rathausplatz.

Das Steiner Tor

Route 1

Ein See in jedem Winkel

*Mondsee – Unterach am Attersee –
**Gmunden – Ebensee – *Bad Ischl
– **Hallstatt – *St. Wolfgang
(165 km)

Träge, schwarz-blaue Seen, senkrech-
te Felsabbrüche und weiche, hellgrüne
Hügelformen – krasse Gegensätze
bestimmen die bestechende Schönheit
des Salzkammergutes, vereinen sich
zu einem harmonischen Ganzen und
vermischen sich an jedem Talende, an
jedem Seeufer zu neuen Variationen.
Eine Landschaft von archaischer Kraft
und zugleich vornehmer Eleganz, was
sich auch auf die Gästeliste auswirk-
te: Sowohl prähistorische Pfahlbau-
siedler als auch die höhere Gesellschaft der Habsburgermonarchie
hinterließen in dem Wasser- und
Bergparadies ihre Visitenkarten in
Form eines Erbes. Wer sich dem Zauber des Salzkammergutes hingibt,
sollte vier Tage dafür aufwenden.

*Mondsee

Das 748 gegründete ehemalige **Bene-
diktinerkloster** im heutigen Mondsee
(2600 Einw.) ist Oberösterreichs älteste
Abtei und wurde früh für seine Buch-
kunst bekannt. Kurz nach 800 entstand
hier der „Mondseer Matthäus", die älteste deutsche Bibelübersetzung. Die gotische Basilika der Klosterkirche erhielt
ihren letzten Schliff im Barock, Baumeister Meinrad Guggenbichler entfaltete an nicht weniger als sieben Seitenaltären sein Können. In den einstigen
Klosterräumen (links vom Kirchenpor-
tal) dokumentiert ein *Museum* die Funde der Pfahlbaukultur aus der Zeit von
3000 bis 2200 v. Chr., die an den Ufern
des Mondsees entdeckt wurden (🕐 Mai

bis Sept. tgl. 9–18, 1. bis 12. Okt.
9–17 Uhr). Der Gegensatz von sanften
Hügeln und Mooren im Norden und
den markanten Felsprofilen am Süd-
ufer bilden den unverwechselbaren
Charakter dieser Seenlandschaft.

 La Farandole, 5310 Mondsee,
Schlössl 150, ☎ (0 62 32)
34 75. Gourmetküche mit
französischem Touch, hervorragende
Weinkarte; So abends geschl. 💲

Unterach am Attersee

Die berühmteste Ansicht von **Unterach
am Attersee** (1500 Einw., 13 km)
stammt von Gustav Klimt, der hier zu
Beginn dieses Jahrhunderts die Sommer verbrachte und zu seinen wenigen
Landschaftsmalereien inspiriert wurde.
Besonders schön ist das Seeufer entlang der alten Straße an der Ostseite
des Sees. Am Fuß des Höllengebirges
umgibt den Attersee ein Schuss Wildnis, die kurvige Uferstraße wagt sich
ganz knapp ans Wasser heran, ehe sich
weiter im Norden der Zutritt zum See
auf die öffentlichen Strandbäder beschränkt. Betagte Villen und üppige
Gärten erinnern an längst vergangene
Tage nostalgischer Sommerfrische.

 Atterseeverband,
4861 Schörfling,
☎ (0 76 62) 85 47, 🖷 38 60.

1
Seite 39

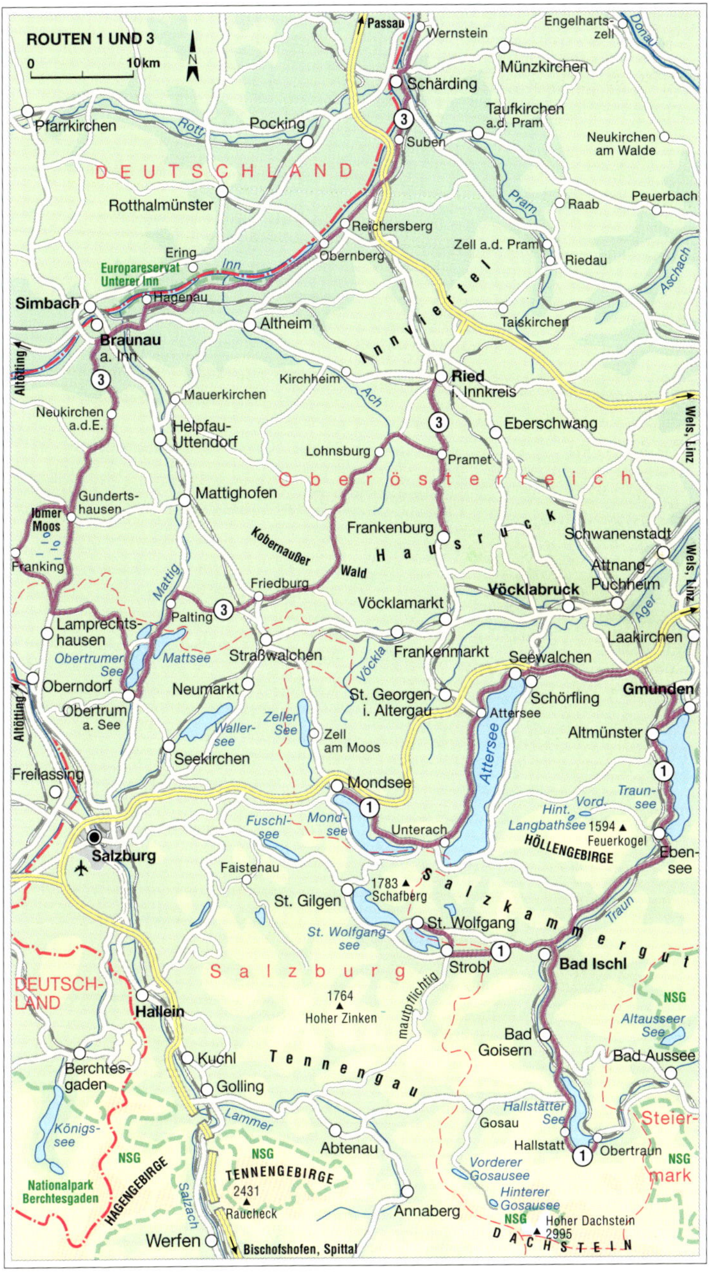
ROUTEN 1 UND 3
0
10 km
N
Passau
Wernstein
Engelhartszell
Donau
Münzkirchen
Schärding
Taufkirchen a.d. Pram
Pfarrkirchen
Pocking
Rott
Suben
Neukirchen am Walde
DEUTSCHLAND
Rotthalmünster
Pram
Raab
Peuerbach
Reichersberg
Zell a.d. Pram
Ering
Obernberg
Riedau
Europareservat Unterer Inn
Inn
Aschach
Simbach
Hagenau
Innviertel
Taiskirchen
Altheim
Braunau a. Inn
Altötting
Kirchheim
Ried i. Innkreis
Ach
Mauerkirchen
Neukirchen a.d.E.
Eberschwang
Helpfau-Uttendorf
Wels, Linz
Lohnsburg
Pramet
Oberösterreich
Gunderts-hausen
Mattighofen
Ibmer Moos
Kobernaußer Wald
Frankenburg
Hausruck
Schwanenstadt
Franking
Attnang-Puchheim
Mattig
Friedburg
Vöcklabruck
Vöcklamarkt
Ager
Lamprechts-hausen
Palting
Laakirchen
Obertrumer See
Mattsee
Straßwalchen
Frankenmarkt
Seewalchen
Oberndorf
Vöckla
Gmunden
Neumarkt
St. Georgen i. Attergau
Schörfling
Obertrum a. See
Attersee
Zeller See
Altmünster
Waller-see
Zell am Moos
Seekirchen
Attersee
Traunsee
Freilassing
Mondsee
Hint. Vord. Langbathsee
Fuschlsee
Mondsee
Unterach
1594 Feuerkogel
HÖLLENGEBIRGE
Ebensee
Salzburg
Faistenau
1783 Schafberg
Salzkammergut
St. Gilgen
Traun
St. Wolfgang
St. Wolfgangsee
Strobl
Bad Ischl
Salzburg
DEUTSCHLAND
mautpflichtig
NSG
1764 Hoher Zinken
Altausseer See
Hallein
Bad Goisern
Bad Aussee
Kuchl
Tennengau
Berchtesgaden
Golling
Hallstätter See
Steiermark
Lammer
Gosau
Königssee
Abtenau
Hallstatt
Obertraun
NSG
NSG
Vorderer Gosausee
Nationalpark Berchtesgaden
HAGENGEBIRGE
TENNENGEBIRGE
2431 Raucheck
Hinterer Gosausee
Salzach
Annaberg
NSG
Hoher Dachstein 2995
DACHSTEIN
Werfen
Bischofshofen, Spittal

Villa Langer, Gmauret 5, 4854 Weißenbach, ☎ (0 76 63) 2 42 oder 84 68. Villa am Seeufer mit altem Charme, eigenem Strand und Bootshaus. Ⓢ

Föttinger, Seefeld 14, 4853 Steinbach, ☎ (0 76 63) 81 00, 🖷 3 42-42. Einstige Sommerresidenz Gustav Mahlers, auch für ihre bodenständige Küche bekannt. Ⓢ

Dietmar Grieser erzählt im „Nachsommertraum" von den Sommeraufenthalten berühmter Künstler im Salzkammergut (Verlag Niederösterreichisches Pressehaus, St. Pölten-Wien 1993). Mehr zum Salzkammergut: Polyglott-Reiseführer „Salzburg Stadt und Land".

** Gmunden

Gmunden (13 400 Einw., 59 km) liegt am Ufer des Traunsees. Der bizarre Felszahn des *Traunsteins* im Osten und das im See ruhende und nur durch einen Holzsteg mit dem Festland verbundene **Schloss Orth** im Westen flankieren den Blick über die malerische Bucht, von der aus im Hochsommer an Wochenenden noch der Raddampfer „Gisela" (Bauj. 1871) Richtung Ebensee in See sticht. Auch wenn es schwer fällt, sich von der Seepromenade zu lösen, hat die Altstadt doch auch ein Recht, beachtet zu werden. Gotische Bürgerhäuser, das **Renaissance-Rathaus** mit seinem Glockenspiel aus Gmundner Keramik und die frühgotische, später barockisierte **Pfarrkirche** mit einem Altar des Bildhauers Thomas Schwanthaler zeugen vom frühen Reichtum der Stadt, der auf dem Salzhandel basierte. Zu einem der heutigen Gmundner Markenzeichen gehört das grünweiße Tischporzellan (Führungen durch die Keramikmanufaktur nach Anmeldung unter ☎ 0 76 12/7 86 39).

Grünberg am See, Traunsteinstr. 109, ☎ 7 77 00. Veredelte regionale Küche mit feinen Fischspezialitäten. Ⓢ

Werkverkauf der Gmundner Keramik, Keramikstr. 24, ◷ Mo–Fr 9–18, Sa 9–13 Uhr.

Wer nicht auf der „Gisela" über das Wasser schippert, erreicht **Ebensee** (8700 Einw., 73 km) auf der Uferstraße, die sich eng an die Konturen des Sees schmiegt. Eine kurze Wanderung auf den nördlich gelegenen *Kleinen Sonnstein* eröffnet aus knapp 1000 m Höhe ein eindrucksvolles Panorama.

 Ebensee ist ein idealer Ausgangspunkt zu größeren Höhen oder in die Tiefe: mit der Seilbahn auf den *Feuerkogel,* ins Hinterland zu den beiden *Langbathseen* oder in die *Gassel-Tropfsteinhöhlen,* die zwischen Mai und 15. September geöffnet sind.

* Bad Ischl

Jedes Jahr am 5. Januar streifen in Ebensee, sobald es dunkel ist, die „Glöckler", weiß gekleidete Gestalten mit prachtvollen Lichtkappen, durch die Straßen und läuten den Fasching ein. Diese Tradition wird auch im benachbarten Bad Ischl (14 000 Einw., 90 km) gepflegt, wenn hier auch sonst weniger die deftigen Volksbräuche als vielmehr die noble Vergangenheit kultiviert wird. Das perfekte Kurstadt-Ambiente auf der Esplanade – mit der berühmten **Zuckerbäckerei Zauner,** die

Kaisers Sommerfreuden

Beinahe 70 Sommer lang hielt Kaiser Franz Joseph seiner Sommerfrische an Traun und Ischl die Treue, verlobte sich hier mit der 15-jährigen Elisabeth von Bayern, suchte später bei seiner Seelenfreundin Katharina Schratt Trost und Zuneigung, zerstreute sich bei der Jagd und genoss die Ruhe in seiner im Park gelegenen **Kaiservilla** (◷ 1. Mai bis Mitte Okt. tgl. 1–11.45, 1–16.45 Uhr). Jedes Jahr am 15. Aug. steigt in Bad Ischl ein Fest zu des Kaisers Geburtstag.

1

Seite
39

selbst den soldatisch disziplinierten Franz Joseph zum Naschen verführte – im Kurpark oder Kurhaus aus dem Jahr 1875 wird bis heute aufrecht erhalten, wozu im Sommer das Kurorchester und das Operettenfestival beitragen. Letzteres erweist einem weiteren Stammgast die Ehre: Franz Lehár, dessen einstiges Domizil, die **Lehár-Villa,** Neugierigen offen steht. Eine der unzähligen grandiosen Aussichten ins Tal und in die Ferne ermöglicht die Seilbahn auf die 1400 m hoch gelegene **Katrinalm.**

Hallstatt am gleichnamigen See

 Kurdirektion, Bahnhofstr. 6,
℡ (0 61 32) 27 75 70,
🖷 2 77 57 77.

 Hotel Goldener Ochs,
Grazer Straße 4, ℡ 2 35 29,
🖷 23 52 93. Geschmackvoll gestaltet, gutbürgerlich. Ⓢ

** Hallstatt

Der wertvollste Stein im Diadem der Salzkammergutseen liegt in der südlichsten Ecke Oberösterreichs: Hallstatt

Franz Josephs Sommerziel: die Kaiservilla in Bad Ischl

In den Tiefen der Zeit

Das Fragment eines Schuhleistenkeils lieferte den Beweis, dass am Hallstätter Salzberg menschliche Spuren bis in die Jungsteinzeit um 5000 v. Chr. zurückreichen. Anlass zum Sesshaftwerden waren jedoch die Salzvorkommen – obwohl eine Quelle zum Wohlstand – zu jener Zeit noch nicht. Wichtige Aufschlüsse über die Siedlungsgeschichte lieferte die Entdeckung des Gräberfeldes Mitte des 19. Jhs. Hier wurden beinahe 1000 Gräber entdeckt, die aus der Zeit zwischen 750 und 350 v. Chr. stammen und einer Epoche der europäischen Kulturgeschichte ihren Namen gaben: der Hallstattzeit (1000 bis 500 v. Chr.). Die Siedlung aus der Hallstatt-Periode konnte jedoch bis heute nicht entdeckt werden. Man weiß aber, dass sich die Römer an der Uferregion des Hallstätter Sees niederließen. Mit der Erbauung des Rudolfturms Ende des 13. Jhs. erlebte der Salzabbau und damit auch die Siedlung am Seeufer einen neuen Aufschwung. Alle Funde aus den Tiefen der Zeit, als Salz zum wertvollsten Besitz des Menschen gehörte, sind in Hallstatts Prähistorischem Museum und im Heimatmuseum zu sehen (🕑 1. Mai bis 30. Sept. tgl. 10–18, Okt. und Ende März bis 30. April 10–16 Uhr; letzter Einlass 90 Min. vor dem Ende).

Seite 39

(1000 Einw., 112 km). Durch Tunnel gelangt man an die Parkplätze am Ortseingang. Eng schmiegen sich die Häuser an den Hang. Der spätromanische Teil der katholischen **Pfarrkirche** ist gar direkt mit dem Fels verbunden. Aus der Spätgotik stammen die Fresken über dem Portal sowie der geschnitzte Flügelaltar im Inneren. Schaurig-schön ist der um die Kirche herum angelegte **Friedhof** mit dem Gebeinhaus. Nie bot der kleine Gottesacker genügend Platz für die Toten, sodass ihnen nur 10 Jahre Ruhe unter der Erde vergönnt war, ehe ihre Reste im „Seelenkammerl" sauber aufgeschichtet wurden.

Oberhalb von Hallstatt liegt der zu Fuß oder über eine Standseilbahn zu erreichende Eingang ins **Salzbergwerk.** Auf dem Weg dorthin kreuzt man das Hallstätter Gräberfeld, dessen Entdeckung einen neuen Epochenbegriff in die Geschichtsbücher schrieb: Hallstattzeit.

Vom gegenüberliegenden **Obertraun** aus führt eine Seilbahn an die Eingänge der ** *Dachsteinhöhlen,* eine gigantische Unterweltarchitektur im ewigen Eis, deren wild zerklüftete „Dome" Namen wie „Reich der Schatten" oder „Halle der Vergessenheit" tragen (☉ 1. Mai bis 26. Okt. 8.40–17.20, letzte Seilbahn um 15.40 Uhr).

Tourismusverband, 4830 Hallstatt, ☎ (0 61 34) 82 08, 📠 83 52.

Bräugasthof, Seestr. 120, ☎ 82 21. In dem Gasthof am Seeufer speiste 1504 Kaiser Maximilian I.; Hotel mit Restaurant in urigem Charakter. ⑤

Keramik Hallstatt, Erwin Gschwandtner, 4830 Hallstatt, Seelände 54, ☎ 0 61 34/82 19, 📠 87 81.

*St. Wolfgang

Den höchsten Bekanntheitsgrad unter dem Zelebritäten der Salzkammergutseen hat der *Wolfgangsee* erreicht, der sich an seiner engsten Stelle, bei St. Wolfgang (2700 Einw., 165 km), in zwei Hälften teilt. Abersee hieß er, ehe sich Wolfgang, Bischof von Regensburg, in die Wildnis südlich des Klosters Mondsee zurückzog. Um 1470 erhielt der Tiroler Schnitzmeister Michael Pacher den Auftrag, einen Flügelaltar für die ursprünglich romanische Hallenkirche zu schaffen. Im ** **Pacheraltar** gelang ihm ein spätgotisches Meisterwerk. Am Marktplatz ist mit dem überdachten, aus Glockenmetall gegossenen **Pilgerbrunnen,** der zur Labung der mittellosen Pilger aufgestellt wurde, noch ein Bauwerk aus der Renaissance erhalten. Gar bis in die Antike reichen die Exponate im **Puppenmuseum** der Villa Bachler-Rix zurück (☉ tgl. 10–12, 14.30–17.30 Uhr). Ein Spaziergang durch das autofreie Zentrum muss unbedingt an einem Hotel vorbeiführen, das man aus der Welt der Operette kennt: dem „Weissen Rössl".

Kurdirektion, 5360 St. Wolfgang, ☎ (0 61 38) 22 39, 📠 22 39 81.

Im Weissen Rössl, Im Stöckl 74, ☎ 23 06, 📠 23 06-41. „Hier steht das Glück vor der Tür", verspricht die Operette. Die Lage ist einmalig, der Rahmen nobel, und dass es schon immer etwas kostspieliger war, mit Berühmtheiten zusammen zu sein, nimmt man wie selbstverständlich in Kauf. ⑤

Hubertushof, Pilger Straße 133, ☎ 2 43 50, 📠 2 43 54. Gemütliche Unterkunft und feine Küche mit Fisch und Produkten aus der regionalen Landwirtschaft. ⑤

Tipp Ein Ausflug auf das Hochplateau des **Schafbergs,** der sich zu Fuß oder mit der 100-jährigen Zahnradbahn erklimmen lässt, ist ein würdiger Abschluss einer Tour durch das Salzkammergut, auch wenn man oben am Gipfel noch einmal einen repräsentativen Eindruck erhält, wie populär diese Region doch ist.

Route 2

1000 Jahre

* Wels – * Kremsmünster – * Hinterstoder – ** Steyr – Grein – * Enns –
** St. Florian – Linz (363 km)

Das liebliche Voralpenland zwischen
dem Salzkammergut und dem Strudengau ist uraltes Siedlungsland. Die
Gründung zahlreicher Stifte etablierte
früh das Christentum. Bei Sonnen-
schein breitet sich eine heitere Stim-
mung über der Region aus, kunsthistorische Schätze glitzern am Wege
auf. Und eine zweite, herbere und
diskretere Schönheit erhebt Anspruch
auf Aufmerksamkeit: das Eisen.
Alte Mühlen, Hammerschmieden und
Herrenhäuser erinnern an eine vergangene Blütezeit. Dazu kommen
unberührte Wald- und Gebirgsland-
schaften, die sich zu Fuß oder per
Mountainbike eröffnen lassen. Bringen Sie drei Tage Zeit mit, das rechte
Maß für die facettenreiche Route.

Gmundner Keramik

2

Seite
44

Pferdekutscher in St. Wolfgang

* Wels

„Ovilavis" hieß die römische Siedlung
am seichten Traunübergang, die Kaiser
Diokletian 300 n. Chr. zur Hauptstadt
der Provinz Ufernorikum machte. Als
im 13. Jh. die Babenberger die kleine
Marktsiedlung kauften, begann der
Bau der Befestigungstürme und des
Stadtplatzes, der heute noch den Charakter von Wels (55 000 Einw.) be-
stimmt. Ihr Wahrzeichen, der **Lederer-
turm,** ist der einzige von vier Türmen,
der erhalten blieb. Am Stadtplatz len-
ken das barocke **Rathaus** und das **Haus
der Salome Alt** die Aufmerksamkeit auf
sich. Auch lohnt ein Blick hinter die
Häuserfronten, um schöne Arkadenhö-
fe zu entdecken, wie z. B. im **Haas-Hof**
(Stadtplatz 34).

Gute Freunde auf der Bärenalm

Polyglott **43**

*Kremsmünster

In dem 6300-Einwohner-Ort ist eine der schönsten barocken Stiftskirchen zu bewundern. Herzog Tassilo III. ließ im Jahr 777 eine *Benediktinerabtei gründen, aus dieser Zeit stammen auch die Klosterschätze, u. a. der in seiner Schlichtheit anrührende Tassilokelch. Ihr heutiges Aussehen erhielt die Anlage zur Barockzeit durch Jakob Prandtauer und Carlo Carlone. Den architektonischen Höhepunkt bildet die *Stiftskirche*. Mit der *Sternwarte* entstand 1748–1758 das erste Hochhaus Europas, das in einem Observatorium gipfelt und über eine naturhistorische Sammlungen verfügt. Ganz profane Interessen stillt dagegen das **Oldtimermuseum** im Schloss Kremsegg.

*Hinterstoder

Die Region Pyhrn-Eisenwurzen vor Augen folgt man der Steyr bis zu ihren Ursprüngen im Stodertal. Hinterstoder (1100 Einw., 73 km) am Fuß des Toten Gebirges ist nicht nur als Skigebiet bekannt. Auch im Sommer ist der idyllische Ort ein Stützpunkt für Outdoor-Vergnügungen. Elf Gipfel über 2000 m lassen sich von hier aus in Angriff nehmen. Wer eher für's Abenteuer ist, für den ist Rafting im Oberlauf der Steyr und Drachenfliegen oder Paragliding genau das Richtige.

Tipp Das neue, gläserne **Alpineum** setzt sich mit der Entwicklung des Ski- und Bergsports auseinander (◷ Di–So 9–18 Uhr).

Tourismusverband, 4573 Hinterstoder, ☎ (0 75 64) 52 63, 📠 55 44.

Hotel Dietlgut, Dietlgut 5, ☎ 5 24 80, 📠 52 48 39. Ruhige Lage am Talschluss. Ⓢ

Gasthof Steyrbrücke, Kniewas 17, 4572 St. Pankraz, ☎ 0 75 65/3 13. Am Taleingang zum Stodertal, feine Hausmannskost, hauseigene Produkte. Ⓢ

Eisenstraße

Der Begriff begleitet jeden, der von Windischgarsten die Strecke am Fuße der Haller Mauern entlang über den Hengstpass wählt und schließlich ins Ennstal einbiegt, das Richtung Norden zur Donau hin ausläuft. Allen Tälern der Region verhalf die Verarbeitung und der Transport von Eisen früh zu einer sicheren Existenzgrundlage.

Spital am Pyhrn

Seine Ortsgeschichte trägt Spital am Pyhrn (2200 Einw., 105 km) im Namen. Am Fuße des Pyhrnpasses entstand bereits 1190 ein Hospiz, das 200 Jahre später zur Abtei erhoben wurde. In seiner Blütezeit erhielt die damalige **Stiftskirche** eine barocke Ausgestaltung mit beachtlichen Arbeiten des Kremser Schmidts und Bartolomeo Al-

Eherne Wurzeln

Was für ein Angebot: In Molln an der oberösterreichischen Eisenstraße verliert sich der Wunsch nach einer bodenständigen Tracht im Nu, wenn Johann Schmidberger in seiner Rüstungsschmiede und Harnischmacherei (☎ 0 75 84/30 73) für eine Ritterrüstung Maß nimmt.

In die Zeit, als diese Art der Panzerung noch lebensrettend sein konnte, reicht die Tradition der Eisenverarbeitung entlang der Flüsse zwischen Erlauf im Osten und Krems im Westen mühelos zurück. Ihren frühen wirtschaftlichen Aufstieg verdankte die Region dem bis heute größten Eisenerz-Tagebau Mitteleuropas. Am Steirischen Erzberg waren die Hauer bereits im 12. Jh. am Werk. „Eisenwurzen" nannte man sich im Laufe der Zeit immer weiter verzweigenden Raum, innerhalb des-

2

tomontes. Oder soll man mehr die eindrucksvolle Gebirgskulisse bestaunen? Sie fordert zu Wanderungen und Bergtouren geradezu auf und eröffnet die Wahl, den Abstieg entweder zu Fuß oder durch die Lüfte zu erledigen.

Wunderbare kleine Taschenfeitel (einfache Taschenmesser), deren Geschichte bis ins 15. Jh. zurückreicht, bei **Johann Löschenkohl** in 4453 Trattenbach, ◷ Mo–Do 8–12, 13–15, Fr 8–12 Uhr.

Zur Freude nicht nur der Kinder: Fischbehälter in Kremsmünster

Seite 44

****Steyr**

Das Eisen verhalf Steyr (40 000 Einw., 220 km) im 15. Jh. zu wirtschaftlicher Blüte. Ein günstiger Ausgangspunkt für den Spaziergang durch die Altstadt liegt an der Mündung der Enns in die Steyr. Von der Steyrbrücke geleitet ein Holzsteg entlang der nostalgischen Kulisse des Wehrgrabens ins **Museum Arbeitswelt**. In der ehemaligen Messerfabrik ist Industriegeschichte vom

Industriegeschichte im Museum Arbeitswelt, Steyr

sen die Hammerherren ihre Betriebe zur Verarbeitung des Erzes errichteten. Die Entfernung zum Erzberg bestimmte das Endprodukt. In der Nähe des Berges etablierten sich die Erzeuger des Raueisens, weiter im Norden standen die Hammerschmieden, die dieses Rohmaterial zu Werkzeugen oder Waffen verarbeiteten. In Steyr schließlich blühte der Handel mit den erzeugten Waren.

Im 19. Jh. begann dann ein Dornröschenschlaf, aus dem die Region erst vor wenigen Jahren erwachte. Das Reichraminger Hintergebirge, das Karstgebiet des Toten Gebirges und die Urwälder des Ötschers bilden den Rahmen, in den sich heute in 34 Gemeinden verschiedenste Handwerksmuseen, revitalisierte Herrenhäuser der „Schwarzen Grafen" und Schaubetriebe fügen, vom Sensenschmied bis zum Maultrommelerzeuger.

Informationen: Verein Eisenstraße OÖ, 4594 Steinbach/Steyr, Pfarrhofstraße 1, ☎ (0 72 57) 85 85. Verein NÖ Eisenstraße, 3341 Ybbsitz, Eisenstr. 13, ☎ (0 74 43) 8 66 00.

Museen: Sensenschmiedemuseum mit Hammerherrenhaus, 4563 Micheldorf, Gradenstr 10, ◷ Mai–Okt. Di–So 9–12, 14–17 Uhr. Ennsmuseum Kastenreith (Flößerei, Schifffahrt), 3335 Weyer, Steyrer Str. 27, ◷ 1. Mai–31. Okt. Di–So 10–12, 14–17 Uhr, ☎ (0 73 55) 73 05. **Schaubetriebe:** Sensenschmiede Sonnleitner, 4460 Losenstein, Laussa 25, ◷ Mo–Fr 8–11 Uhr, Aug. geschl., ☎ (0 72 55) 72 55 76. Maultrommelerzeugung Schwarz, 4591 Molln, Waldeggstr. 1, ◷ unter ☎ (0 75 84) 24 07 Anfang Mai bis Ende Okt.

Wasserrad bis ins Computerzeitalter anschaulich festgehalten. Eine kurze, steile Gasse von der Ennsbrücke endet am mächtigen, dreieckigen **Schloss Lamberg,** die 980 erstmals erwähnte einstige Styraburg. Von hier nähert man sich über die schmale Berggasse auf der Höhe der Giebel der Altstadthäuser aus dem Hintergrund dem Zentrum: Ein dunkler Stiegenabgang entlässt Sie direkt vor der bedeutendsten Fassade des Stadtplatzes, dem gotischen **Bummerlhaus,** das seinen Namen dem kleinen Löwen im Schild über dem Portal verdankt. Hinter der Renaissancefassade des **Innerberger Stadels** (Grünmarkt) verbirgt sich das Stadtmuseum. Zum westlichen Stadtrand hin liegt am steilen Abbruch zum Steyr-Fluss die Wallfahrtskirche **Christkindl,** eine von Carlo Carlone und Jakob Prandtauer entworfene Miniatur.

Tourismusverband, Stadtplatz 27, ☎ (0 72 52) 5 32 29, 🖷 5 32 29 15.

Hotel Minichmayr, Haratzmüllerstr. 1–3, ☎ 5 34 10, 🖷 4 82 02 55. Gediegener Komfort; an der Flussmündung. Ⓢ

Rahofer, Stadtplatz 9, ☎ 5 46 06. Edle italienische Küche im Arkadenhof. Ⓢ

Auf Umwegen nach Enns

Josef Munggenast übernahm 1719 die Umgestaltung des 1112 gegründeten Benediktinerstifts *Seitenstetten, einem Juwel barocker Baukunst. Die Fresken der Klosterräume tragen die Handschrift so bedeutender Künstler wie Paul Troger, Kremser Schmidt und Bartolomeo Altomonte (Stiftsführungen Ostern bis Allerheiligen tägl. 10 und 15 Uhr). Auf dem weiteren Weg Richtung Osten empfiehlt sich eine kleine Schleife über die Wallfahrtskirche **Sonntagsberg** (265 km). Sie blickt aus einer Höhe von 700 m weit ins Land, eine wahre Feiertagsaussicht auf eine Region, in der Österreich seinen

Anfang nahm. Die Gebiete um „Nuivanhova", das heutige **Neuhofen/Ybbs,** überließ Kaiser Otto III. in einer Schenkungsurkunde vom 1. November 996 dem Bischof von Freising. In dem eher unscheinbaren, aber berühmten Pergament – das Original wird heute in der Bayerischen Staatsbibliothek in München aufbewahrt – ist der Name „Ostarrichi" („Österreich") erstmals erwähnt (🕓 1. Mai bis 26. Okt. Di–Fr 10–12, 13–15, Sa, So 10–12, 13–16 Uhr).

Ein Halt im nördlich gelegenen **Stift Ardagger** lohnt sich in zweierlei Hinsicht. Zum einen enthält die spätromanische Basilika das Margarethenfenster (13. Jh.) – ein Hauptwerk der europäischen Malerei am Übergang von der Romanik zur Gotik und das einzige in Österreich erhaltene Bildfenster mit szenischen Darstellungen –, zum anderen serviert die Stiftstaverne *Mostgalerie* köstlichen Apfel- und Birnenmost (Verkostung und Verkauf Ostern bis Ende Okt. tgl. 13–18 Uhr; Voranmeldung ☎ 0 74 79/64 00).

Nördlich von Ardagger überquert man die Donau. Die Stromschnellen des Strudengaus, die einst Donauschiffer in Schrecken versetzten, ließen am Eingang der heiklen Passage das Städtchen **Grein** (3000 Einw., 302 km) entstehen. Die ansässigen Schiffer verlangten für ihre Lotsendienste durch die tückischen Wasser gutes Geld. 1791

Schöne Aussichten

Der Zuschauerraum des Greiner Theaters erheitert durch zwei Kuriositäten: Da das Gebäude mit dem Rathaus eine architektonische Einheit bildet, war auch den Insassen des dort integrierten Gefängnisses ein Blick aufs Spektakel gewährt; und wer aus dem verehrten Publikum aufs Örtchen musste, brauchte nicht einmal den Raum zu verlassen, sondern hatte von einem Separée aus die volle Sicht auf die Bühne.

leisten sie sich ein *Rokoko-Theater,* eine der ältesten noch bespielten deutschsprachigen Bühnen.

Eine Gedenkstätte aus jüngerer Vergangenheit erinnert daran, dass Österreichs Geschichte nicht nur barocke Lebensfreude kennt: An den Granitsteinbrüchen von **Mauthausen** ließ Adolf Hitler ein Konzentrationslager errichten. „Tötung durch Arbeit" lautete das menschenverachtende Motto. 100 000 wurden hier in den Tod gequält (© April–Sept. tgl. 8–18, Okt. bis März 8–16 Uhr; 15.12 bis 1.2 geschl.).

*Enns

Enns (10 000 Einw., 340 km) wähnte sich lange die zweitälteste Stadt Österreichs, konnte man doch auf die Jahreszahl 1212 in der Stadtrechtsurkunde deuten. Dass nun St. Pölten den Titel für sich beansprucht (s. S. 29), nimmt man gelassen, immerhin ist Enns aus dem Römerkastell Lauriacum entstanden. Diese römische Vergangenheit ist an den Ausgrabungen um die **Basilika St. Laurenz** in Lorch und im **Museum Lauriacum** am Stadtplatz eindrucksvoll manifestiert. Der frei stehende, 60 m hohe **Stadtturm,** das Wahrzeichen der Stadt, lässt Elemente aus Gotik und Renaissance erkennen.

Das Augustiner-Chorherrenstift ****St. Florian,** unter der genialen Hand des Baumeisters Carlo Carlone Ende des 17. Jhs. zu einem barocken Prachtbau ausgebaut, ist Höhepunkt unter den prunkvollen Sakralbauten Oberösterreichs. Die Orgel ist nach dem Komponisten Anton Bruckner benannt, der hier als Sängerknabe seine musikalische Laufbahn begann. Im Tode kehrte er auf eigenen Wunsch zurück und liegt seit 1896 in der Gruft unter seinem Instrument begraben. (Stiftsführungen April–Okt. tgl. 10, 11, 14, 15, 16 Uhr.)

Das Bummerlhaus in Steyr verdankt seinen Namen dem kleinen Löwen über dem Portal

Am Hauptplatz in Enns reihen sich exklusive Geschäfte

Die prächtige Orgel von St. Florian ist nach Anton Bruckner benannt, der sie häufig spielte

Route 3

Inn- und Hausruckviertel

*Schärding – Obernberg – *Europa-
reservat Unterer Inn – *Braunau –
*Ibmer Moor – Ried (188 km)

Auf seinen letzten 100 Kilometern,
kurz bevor er sich in Passau mit der
Donau vereint, macht der Inn einmal
so richtig von sich reden. Der Tatsa-
che, dass er hier die Landesgrenze
markiert, verdankt eine Reihe von
alten Städten ihren Reichtum, der
sich in ihren historischen Stadtbildern
manifestiert. Doch auch für die Natur
hat der Inn einiges übrig: In den
Auwäldern seiner Stauseen entstand
ein riesiges Naturreservat.

Das Moor- und Seengebiet im Süden
würde es locker mit den Reizen der
Salzburger Seenlandschaft aufnehmen, bleibt aber lieber ein stilles
Rückzugsgebiet. Es dabei zu unter-
stützen ist leicht: Die sanft gewellte
Landschaft und zahlreiche Radrouten
bieten die idealen Voraussetzungen,
vom Auto auf das Fahrrad zu wechseln. Nehmen Sie sich zwei Tage Zeit,
mehr, wenn Sie auch radeln wollen.

*Schärding

Bewegte Zeiten gab es in der Geschichte von Schärding (5200 Einw.). 1316
von den Bayern zur Stadt erhoben,
wuchs es im 15. Jh. zum wirtschaftlichen Zentrum heran. 1779 kamen
Schärding und das Innviertel durch
den Frieden von Teschen an Österreich.
30 Jahre später gelangte die Grenzstadt
unter Napoleons Beschuss und Regime.
Zum Glück blieb der Stadtplatz unbe-
helligt von den kriegerischen Wirren.
„Silberzeile" heißt die prächtigste Seite,
vermutlich wegen des Reichtums, der
sich früher hinter den Fassaden ver-

barg. Eine Besonderheit ist die Zweitei-
lung in Oberen und Unteren Stadtplatz
mit je einem Brunnen, oben dem Linzer, unten dem Wassertor als Abschluss. Im dritten Stadttor, dem
Schlosstor, gibt das **Heimathaus** einen
Überblick über die Stadtgeschichte, die
bereits im Jahr 840 begann.

 Tourismusverband, Unterer
Stadtplatz 19, ☎ (0 77 12)
43 00, 🖷 43 20.

 Forstingers Wirtshaus, Unterer Stadtplatz 3, ☎ 23 02,
🖷 2 30 23. Bodenständige
Küche, aber verfeinert. Ⓢ

 Holzschlössel, Haid 39,
☎ 41 96. Idyllisches Am-
biente, gute Küche. Ⓢ

Am Inn entlang

Dass die Innlandschaft um Schärding
nicht weniger malerisch ist als seine
Stadtarchitektur, bestätigen die wenigen Kilometer nach **Wernstein.** Alfred
Kubin (1877–1959) lebte über 50 Jahre
auf dem ehemaligen *Schloss Zwickledt.*
Bei seinem Tod beließ man die Wohn-
räume bis in alle Details und machte
sie als Museum zugänglich (🕐 April bis
Okt. Di–Do 10–12, 14–16, Fr 9–12,
17–19, Sa, So 14–17 Uhr).

Welch ungleiches Schicksal! Während
Suben vom Beschluss Kaiser Josephs II.
1782, einen Großteil der Klöster aufzu-
lassen, voll getroffen wurde und heute
ein bitteres Leben als Strafanstalt fris-
tet, entging **Stift Reichersberg** (27 km)
einem ähnlichen Los. Betritt man den
Hof, fällt zunächst der Blick auf den
Marmorbrunnen, den eine vergoldete
Kupferskulptur des Stiftspatrons Erzen-
gel Michael dominiert. Sie ist ein Werk
von Thomas Schwanthaler, einem Mit-
glied der berühmten Bildhauerfamilie.
Die *Stiftskirche* – sie wirkt wie aus dem
Hof verdrängt – ist durch Arkaden zu
betreten. Der frühbarocke Kirchenraum
entstand nach einem Brand Anfang des
17. Jhs., vom ursprünglich mittelalterlichen Bau blieb nur ein einziges Zeug-

3

Seite
39

nis erhalten, eine Grabdeckplatte aus rotem Marmor. Doch wer denkt schon an den Verlust angesichts der über und über vergoldeten spätbarocken Kanzel, die Joseph Matthias Götz zugeschrieben wird. Eigentlich ist das Innviertel ja eine Region des Bieres. Umso erfreulicher, dass eine *Vinothek* in den Arkaden eine Einführung gibt, was in den Kellern im Osten des Landes gekeltert wird (Stiftsführungen Ostern bis Allerheiligen tgl. 15, sonst Mi, So 15 Uhr).

Sorgsam gepflegte historische Stadtplätze begleiten das gesamte Innufer. Einer der schönsten ist in **Obernberg** (1650 Einw., 30 km) zu bewundern. Im bunten Ensemble stechen die besonders reichen Rokoko-Fassaden des *Apothekerhauses* und des *Woerndle-Hauses* hervor.

Spätestens in Obernberg sollten Sie vom Auto auf den Drahtesel wechseln, die beste Möglichkeit, das *Europareservat Unterer Inn zu erkunden. Im 19. Jh. wurde der ungestüme Inn mit seinen unzähligen Seitenarmen gezähmt und in gerade Bahnen gelenkt. Das Flussgebiet steht seit 1978 als Europareservat Unterer Inn unter besonderem Schutz, ist es doch eine der bedeutendsten Vogelkolonien Mitteleuropas. Fast 300 Vogelarten wurden hier registriert! Und für Zugvögel ist es ein idealer Rastplatz. Vor dem interessantesten Abschnitt, der **Hagenauer Bucht,** befindet sich bei *Ering* auf der bayrischen Seite des Inns ein Informationszentrum, das seltene Naturschauspiele vermittelt, etwa ornithologische Exkursionen oder Nachtwanderungen zu Biberburgen (◷ April bis Okt., ☎ in Deutschland 0 85 73/13 60).

* Braunau

Die letzten Ausläufer der Hagenauer Bucht gehen ins Stadtgebiet von Braunau (16 700 Einw., 58 km) über. Sehr zu

Prächtige Fassaden auf dem Stadtplatz von Schärding

Der Inn bildet im Innviertel die Landesgrenze

Das Arbeitszimmer des Grafikers und Schriftstellers Alfred Kubin

Unrecht wird es oftmals nur als Geburtsstadt Adolf Hitlers erwähnt. Dabei hat es sich – 1260 gegründet – sein mittelalterliches Aussehen bewahrt. Nicht nur die Fassaden des langen Stadtplatzes, sondern der gesamte Stadtkern, seine Gassen und Gräben entführen als Ensemble in alte Zeiten. Der älteste Bau, noch aus der Gründungszeit, ist der **Stadtturm** mit seinem steilen Zeltdach. Rein gotisch zeigt sich auch die Anlage des **Hl.-Geist-Spitals**. Eine Attraktion birgt das **Heimathaus** mit einer Glockengießerei, die bereits seit 1385 belegt ist. Der Turm von **St. Stephan** (1492) ist mit seinen knapp 100 m einer der höchsten Kirchtürme Österreichs. Auf die ursprünglich sechs Stockwerke des Gotteshauses (besonders schön das dritte und vierte mit Paneelwerken und Spitzbogenfenstern) setzten die Baumeister später noch zwei drauf und versahen sie mit einem Rokokoabschluss.

Tourismusverband, Stadtplatz 9, ☎ (0 77 22) 6 26 44, 🖷 8 43 95.

Alter Weinhans, Linzerstr. 21, ☎ 63 47 10. Gemütliche Atmosphäre in einem historischen Gebäude; Hotel mit Restaurant. ⓢ

Auf Umwegen nach Ried

In Braunau verlässt man das Innufer, um sich über *Gundertshausen* auf immer schmäler werdenden Straßen in eine der verträumtesten Ecken des Landes zurückzuziehen. Die Oberinnviertler Seenplatte mit dem *Ibmer Moor liegt im touristischen Schatten des Salzkammergutes und scheint dieses Dasein zu genießen. Die sanft gewellte, tiefgrüne Landschaft ruht in sich und bietet für Reiter, Radfahrer und Ruhesuchende eine unerschöpfliche Quelle stillen Naturgenusses.

Tipp Ein Bad im warmen Holzöstersee – oder die geheimnisvolle

Berühmte Familie

Eng mit der Stadt Ried verbunden ist das Schaffen der Bildhauerfamilie Schwanthaler. 1632 ließ sich Hans Schwabenthaler hier als Bildschnitzer nieder, sein Sohn Thomas, der sich später Schwanthaler nannte, war der erste, der es zu großer künstlerischer Anerkennung brachte und Aufträge in Oberösterreich und Salzburg erhielt. In der Rieder **Stadtpfarrkirche** schuf er den Hochaltar und den Floriani-Altar mit einer historischen Abbildung der Stadt. Der letzte künstlerisch bedeutende Spross der Familie starb 1848. Einen Überblick über das Schaffen der Schwanthalers durch die Jahrhunderte zeigt das **Innviertler Volkskundehaus** in Ried.

Natur der Moorlandschaft erkunden: Karten für den *Bauerngolf-Wanderweg* (7 oder 16 km) sind im Tourismusverband, Franking, erhältlich (☎ 0 62 77/81 19, 🖷 84 00).

Weich geformte Wiesen und Weiden, da und dort durchbrochen von graublauen Seen, und im Hintergrund die noch etwas unscharfen Felskonturen des Salzkammerguts – der Abschnitt von Franking Richtung Osten hat eine erstklassige Kulisse zu bieten: *Obertrumer See* und *Mattsee,* der weite *Kobernaußer Wald* und schließlich der *Hausruckwald,* in dessen südlichen Rand sich **Frankenburg** (5200 Einw., 168 km) bettet. Hier erinnert alle ungeraden Jahre ein historisches Spektakel an die dunkle Vergangenheit der Stadt, als 1625 während der Bauernkriege der Graf Herberstorff alle Aufständischen auf dem Haushamerfeld zusammentreiben und 36 Bauern um ihr Leben würfeln ließ (s. S. 17).

Schoberhof, Zeiling 10, 4871 Zipf, ☎ (0 76 82) 64 75, 🖷 6 47 59. Hotel im Grünen, feine Hausmannskost. ⓢ

Ried im Innkreis

Nach so viel Natur zurück in die städtische Zivilisation: nach Ried im Innkreis (11 000 Einw., 188 km), dessen Gründungsgeschichte bis in die Zeit der Kreuzzüge zurückreicht. Dem Stadtgründer Dietmar ist der Brunnen gewidmet, der den Stadtplatz in eine obere und untere Hälfte teilt.

 Moar Sepp, 4754 Andrichsfurt, ☎ (0 77 50) 3 30 20. Haubenküche mit Spezialität Speck- und Grammelknödel. Ⓢ
Kirchenwirt, 4923 Lohnsburg, ☎ (0 77 54) 20 42. Seine Innviertler Küche wird vom Knödel dominiert; je nach Saison viel Wild und Spargel. Ⓢ

Grausiges Würfelspiel: in
Frankenburg, alle zwei Jahre

3

Seite

39

Alternativen auf zwei Rädern

Inn-Salzach-Weg / Naturerlebnisweg Unterer Inn

Die Radroute (R 24, Salzburg-Passau) verläuft zwischen Salzburg und der Mündung der Salzach in den Inn auf den Treppelwegen des rechten Salzachufers und verlässt nur kurz den Uferweg, um die Moorlandschaft des Weilhartsforsts zu durchqueren. Zwischen der Mündung und Obernberg erstreckt sich der schönste Teilabschnitt: durch das Naturreservat und Vogelparadies Unterer Inn, in dem ausschließlich Radfahrer und Wanderer Einlass finden. 144 km beträgt die Gesamtstrecke zwischen Salzburg und Passau, der oberösterreichische Teilabschnitt umfasst 114 km, für die Sie sich etwa drei Tage Zeit nehmen sollten. Fahrräder können Sie mieten in Ostermiething, Ach, Braunau, Obernberg, Suben, Schärding, Wernstein und Passau.

Antiesen – Hoamatlandweg

Quer durch das Hausruckviertel führt die entlang kleiner Straßen gelegte Route, die in Ried beginnt und nach einer Schleife über Pramet und Eberschwang nach 28 km dort auch wieder endet – ein Nachmittagsausflug, der sich mit einem Bad im Prameter See verbinden lässt. Sie können aber auch in Pramet den Hoamatlandweg (R 28) wählen und über Frankenburg nach Vöcklamarkt radeln, wo ein Anschluss zur Westbahn besteht (ca. 50 km). Der Zug bringt Sie dann zurück nach Ried.

Römerradweg

Den zahlreichen Relikten römischer Besiedlung entlang der Strecke verdankt der bayrisch-oberösterreichische Radweg R 42 (Passau-Inn-Attersee) seinen Namen. Er überquert erst beim Infozentrum des Naturreservats Unterer Inn die österreichische Grenze, durchstreift zunächst das Inn-, dann das Hausruckviertel und nähert sich über Frankenmarkt und St. Georgen dem Atterseeufer. Damit das kulturelle Begleitprogramm nicht zu kurz kommt, sollte man für die 130 km zumindest drei Tage einplanen. Beim Rückweg mit der Bahn heißt es zweimal umsteigen: über Vöcklamarkt und Wels schließt sich in Passau der Kreis.

Route 4

Oberes Mühlviertel und Donautal

Linz – Bad Leonfelden – *Haslach – Aigen/Schlägl – **Stift Wilhering – Linz (180 km)

Wie anders gehen die Uhren doch, verlässt man das umtriebige Linz Richtung Norden. Hinter den ersten Mühlviertler Hügeln entwickeln sie ein richtiges Eigenleben. In manchen Orten ticken sie träge vor sich hin, anderswo beschleunigt sich der Sekundentakt, unweit davon wiederum scheinen sie fast rückwärts zu laufen. Nirgendwo sonst in Österreich ist man so bemüht, alte Traditionen zu erhalten und zu kultivieren, nirgendwo sonst haben sich so schnell ökologisches Bewusstsein und Ganzheitsdenken im Tourismus niedergeschlagen. Wer Entspannung sucht, ist im Hügelland der Leinenweber oder in den Wandergebieten des böhmischen Hochwalds am rechten Platz. Die alten Webzentren erzählen Regionalgeschichte, und die Rokoko-Pracht des Stiftes Wilhering verleiht der kontemplativen Zwei-Tage-Tour einen markanten Schlussakzent.

Bad Leonfelden

1146 wurde der Ort (3600 Einw., 28 km) an der Handelsstraße nach Böhmen erstmals erwähnt, dessen Flachs- und Leinenweberei sich schon sehr früh zur wirtschaftlichen Basis entwickelte. Erst die Mechanisierung und der Triumph der Baumwolle führte zum Niedergang der regionalen Textilkultur. Im Domus Disciplinae, dem ältesten Schulgebäude Oberösterreichs, wurde ein **Schulmuseum** mit einem Klassenraum aus der Jahrhundertwende eingerichtet. Spätgotische Fresken in der ehemaligen **Bürgerspitalskirche** und ein Ölbergrelief aus Granit (1500) an der **Stadtpfarrkirche** erfreuen den kunsthistorisch Interessierten, bevor auch er am Hauptplatz in der ältesten Lebzelterei Österreichs Leonfelder Lebkuchen probiert.

Vielfältig sind hier die Möglichkeiten, die Landschaft zu entdecken. Ein Lehrpfad führt durch das Hochmoor, aus dem die heilsamen Packungen des Kneippkurortes kommen, und die Aussichtswarte des **Sternsteins** (1125 m) belohnt mit einem schönen Rundblick.

 Kultur- und Gästezentrum, Bergstraße 77, ☎ (0 72 13) 63 97, 🖷 64 12 13.

 Kurhotel Bad Leonfelden, Spielau 8, ☎ 63 63, 🖷 6 36 32 92. Wellness-Programm von der Moortherapie bis zum Gehirnjogging. Ⓢ

*Haslach

Im Zentrum der Mühlviertler Weberstraße liegt Haslach (2600 Einw., 54 km). Zunächst war es der Salzhandel mit Böhmen, der der erstmals 1256 erwähnten Siedlung den Lebensunterhalt sicherte. Ab dem 15. Jh. gehörte die Stadt jedoch den Webern und Händlern. Leinen aus Haslach war bis ins 19. Jh. weit über die Landesgrenzen hinaus bekannt. Immerhin haben sieben der einst 20 Webereibetriebe die schwere Krise überlebt. Sie sind heute hauptsächlich auf Tisch- und Bettwäsche spezialisiert. Wie mühsam es einst war, bis der Flachs als Faden in den Webstuhl gespannt werden konnte, zeigt das interessante **Webereimuseum.** Gleich daneben ragt die eindrucksvolle spätgotische **Wehrkirche** auf, die sich in drei Teile gliedert: Der niedrige Altarraum hebt sich deutlich vom 100 Jahre älteren Langhaus ab, der Kirchturm – eine besondere Rarität – steht völlig frei.

Fremdenverkehrsbüro, 4170 Haslach, ☎ (0 72 89) 7 17 50.

 Landhotel Bergergut, Afiesl 7, ☎ (0 72 16) 44 51, 🖷 44 51 31. Mit Bierbrunnen und bodenständiger Küche um ganzheitliches Wohlbefinden bemüht. Ⓢ

 Mühlviertler Leinen, kariert, gestreift oder traditionell, Tisch- und Bettwäsche oder Trachten- und Bekleidungsstoffe – eine schöne Auswahl findet man in der **Leinenweberei Christine Viehböck,** 4184 Helfenberg, Leonfeldner Str. 26, ☎ (0 72 16) 62 15 (Ⓞ Mo–Do 8–12, 13–17, Fr 8–11 Uhr).

Das Webereimuseum in Haslach entführt ins 19. Jahrhundert

Aigen/Schlägl

Ortsnamen auf „-schlag" erinnern an die Zeit der Urbarmachung im Mittelalter durch Rodungen, etwa das „Tor zum Böhmerwald" Aigen/Schlägl (3300 Einw., 71 km), zwei unabhängige Gemeinden, die räumlich aneinander anschließen. 1218 wurden die Prämonstratenser mit der Kultivierung des Landes um das Kloster Schlägl betraut. Auf den ersten Rodungsflächen entstand 1242 Aigen. Auch im Hopfenanbau und der Kunst des Bierbrauens erwarben sich die Mönche bleibende Verdienste. Die Stiftsbrauerei überlebte als einzige Österreichs, ihr Bier kann in den Gewölben des Kellers getestet werden. Besonderes Schmuckstück des in warmem Gold und Braun gehaltenen Kirchenraumes der **Stiftskirche Schlägl** ist die Orgel aus dem Jahr 1634.

Textile Produktvielfalt heute

Tipp Aigen ist ein idealer Ausgangspunkt für Wanderungen z. B. in die **Bayrische Au,** ein in Österreich liegendes Moorgebiet, oder durch die Hochwälder des Böhmerwaldes mit seinen geheimnisvollen Granitformationen, Biotopen und

4

Seite 44

Mit großartigem Blick ins Donautal: Ruine Schaunberg

dicht behangenen Heidelbeersträuchern. Wer nicht im dichten Tann herumirren möchte, der kann von der *Aussichtswarte Moldaublick* den enormen Baumgürtel aus der Höhe betrachten und den Ausblick auf drei Länder genießen.

 Tourismusbüro, 4160 Aigen, ☎ (0 72 81) 80 51, 📠 8 05 16.

 Sporthotel Almesberger, Marktplatz 4, ☎ 87 13, 📠 87 13 76. Besondere Angebote für Golf-und Tennisfreunde; ambitionierte Küche. Ⓢ

 Adalbert Stifter, „Der Hochwald", z. B. bei Reclams Universitätsbibliothek oder als Insel-Taschenbuch.

 Kerzenwelt Donabauer, 4160 Aigen/Schlägl, Schlägler Hauptstraße 3, ☎ (0 72 81) 88 71. Handgeschnitzte Zierkerzen und Wachsfiguren; nebenan im Kerzenmuseum sind besondere Kuriositäten zu betrachten (🕐 Mo–Sa 9–18, So, Fei 13–17 Uhr).

Ulrichsberg (3100 Einw., 78 km) war die zweite Siedlung, die im Zuge der Rodungen entstand. Fast unbemerkt integrierte sich vor wenigen Jahren eine riesige Golfanlage mit allen Finessen vom Übungsgelände bis zum Turnierplatz in die grünen Fluren.

 Ein Fixtermin für Jazzliebhaber ist jedes Jahr im Mai, wenn es internationale Jazzgrößen zum **„Ulrichsberger Kaleidoskop"** in den Böhmerwald verschlägt.

An der Donau entlang

Über *Kollerschlag* und *Oberkappl* erreicht man die Donau und kann bei *Niederranna* zum südlichen Ufer übersetzen, wo immer wieder Reste römischer Befestigungen auftauchen. Eines der Kastelle befand sich an der Donauschlinge bei **Schlögen.** Hier zwingt die Granitmasse den Fluss in die Gegenrichtung, ehe er seinen Lauf wieder nach Osten fortsetzen kann. Der beste Blick auf dieses Naturphänomen bietet sich von *Haibach ob der Donau.*

Aus der Ebene bei *Hartkirchen* ragt auf einem Steilabfall ein eindrucksvoller Wehrturm empor. Die **Ruine Schaunberg,** Oberösterreichs größte Burgruine, gibt Einblick ins mittelalterliche Baukonzept und gestattet vom 32 m hohen begehbaren Turm einen einmaligen Ausblick über das Donautal.

Schaunberg zu Füßen liegt **Eferding** (3300 Einw., 154 km). Die Siedlung entstand an der Stelle eines ehemaligen Römerkastells und wurde 1222 zur Stadt erhoben. Ein spätgotisches Doppelportal ziert die *Stadtpfarrkirche* (15. Jh.). Das schönste Haus am lang gestreckten mittelalterlichen Stadtplatz ist das gotische *Lebzelterhaus.*

 Stadtplatz 1, 4070 Eferding, ☎ (0 72 72) 5 55 51 20, 📠 55 55 33.

 Dannerbauer, Brandstatt 5, ☎ 24 71. Eine Gourmetadresse am Donauufer. Exzellente Fischgerichte. Ⓢ

**Stift Wilhering

Unerwartet pompös endet die stille Rundfahrt durch das nördliche Hügelland vor den Toren von Linz. Das Zisterzienserkloster Stift Wilhering (1146 gegr.) entstand wie Schlägl zur Zeit der Rodungen am Donauufer. Ein Brand im Jahr 1733 vernichtete die Kirche und einen Großteil der mittelalterlichen Anlage und bot dem damaligen Abt Baptist Hinterhölzl die Gelegenheit zum großzügigen Wiederaufbau. Überschwänglich vergoldete und mit Stuckaturen beladene Deckenfresken öffnen den Blick zum Himmel in einer Weise, dass die Raumdecke vollkommen aufgelöst erscheint. Nicht minder pompös fielen die Altäre und die Orgel aus, die die Handschrift der Künstler Martino und Bartolomeo Altomonte sowie Francesco Messenta tragen.

Route 5

Unteres Mühlviertel und Waldviertel

Linz – **Kefermarkt – *Freistadt – Zwettl – *Drosendorf – *Gars – Langenlois – **Krems (290 km)

Mühlviertel und Waldviertel gelten als Eigenbrötler in ihrem Land. Zwei Individualisten unter den Landschaften, die nicht freundlich lächelnd um die Aufmerksamkeit der Touristen buhlen. Der Wind, der hier weht, ist rau, das Klima herb, der Winter lang. Dunkle Wälder und Teiche, mysteriöse Steinblöcke im Nordwesten, mittelalterliche Städte entlang der Grenze im Norden. Entspannt und leicht zieht die Thaya ihre Bahn, beschwingt und stolz gibt sich das für seine Weißweine bekannte Kamptal. Ach, das mögen Sie? Dann sollten Sie sich drei Tage Zeit nehmen.

**Kefermarkt

In einer 2000-Seelen-Gemeinde verbirgt Oberösterreich eine seiner wertvollsten Kostbarkeiten. Der gotische Flügelaltar von Kefermarkt (30 km) geht auf das Jahr 1490 zurück. Der Unterbau sowie die Rückseiten – Wochentagsseiten genannt – fielen im 19. Jh. dem Holzwurm zum Opfer. Umso eindrucksvoller präsentiert sich der Altar in der Feiertagspracht. Zu sehen sind die Darstellungen des Kirchenpatrons Wolfgang, links von ihm Petrus und rechts Christophorus, der Namensheilige des Stifters, Freiherr Christoph von Zelking.

Auf dem Donauradwanderweg unweit der Schlögenschleife

Detail des gotischen Flügelaltars von Kefermarkt

Ungebremstes Rokoko: Zisterzienserstift Wilhering

*Freistadt

Ein Musterexemplar mittelalterlicher Stadtarchitektur ist Freistadt (7200 Einw., 41 km). Unter den Babenbergern entwickelte es sich zum wichtigsten Handelsplatz zwischen der Donau und Böhmen. Bis heute ist der Wehrgürtel aus dem 14. Jh. unversehrt und kann vom **Linzer Tor** im Süden bis zum **Böhmer Tor** im Norden abgewandert werden. Weitaus reizvoller ist ein Spaziergang durch enge Gassen, vorbei an alten Portalen, zum riesigen Stadtplatz und zur **Stadtpfarrkirche.** Den Überblick aber behält das **Schloss** mit seinem gut erhaltenem Bergfried (14. Jh.). Hier zeigt das **Mühlviertler Heimathaus** u. a. eine umfangreiche Sammlung von Hinterglasmalerei.

*Weitra

Wie frisch aufpoliert recken sich die historischen Fassaden rund um den Stadtplatz von Weitra (3000 Einw., 88 km), das im 13. Jh. vom Kuenringer Hadmar II. gegründet wurde. Besonders das **Sgraffitohaus** aus der Renaissance verdient Aufmerksamkeit, um die freilich auch das weniger sorgfältig restaurierte **Renaissanceschloss** über dem Platz wirbt. Ein besonderes Privileg (1321) sprach jedem Hausbesitzer der Stadt das Recht zu, sein eigenes Bier zu brauen und auszuschenken. Von den 33 Brauhäuser im 17. Jh. sind nur noch zwei übrig. Im Brauhotel Weitra kann das Brauen mitverfolgt werden.

 Brauhotel Weitra, Rathausplatz 6, ☏ (0 28 56) 29 36, 🖷 2 93 62 22. Komfortable Unterkunft, anspruchsvolle regionale Küche. Ⓢ

Zwettl

Auf einer Lichtung (slawisch „svetlá") inmitten des „Nordwaldes" ließ Hadmar I. von Kuenring um 1100 eine Siedlung entstehen. In Zwettl (12 000 Einw., 112 km) erinnert die **Propsteikir-**

che mit ihren romanischen Fundamenten noch an die Anfänge der Stadt im Herzen des Waldviertels.

Bewusst abseits der Siedlung entstand das ****Stift Zwettl** (ca. 1137). Bis heute sind die mittelalterlichen Klosterteile wie Kreuzgang, Kapitelsaal und Brunnenhaus gut erhalten. Das hohe gotische Langhaus wurde von Barockmeistern wie Martino Altomonte und Paul Troger verschwenderisch ausgestattet. Zu den Kunstschätzen der Klosterkirche gehört unter anderem der spätgotische Bernardi-Altar von 1500 (Führungen: ◷ 1. Mai bis 31. Okt. 10, 11, 14, 15 Uhr, Juli–Sept. auch 16 Uhr, So entfällt 11 Uhr, Nov.–April nach Voranmeldung, ☏ 0 28 22/ 5 50 17).

 Stiftstaverne, 3810 Zwettl ☏ 0 28 22/5 50 36. Karpfen und Forellen aus eigener Zucht, auch zum Mitnehmen; im Winter Di geschl. Ⓢ–Ⓢ

15 km weiter östlich besitzen die Wasserratten im größten der in die Waldlandschaft eingebetteten Kamptalstauseen, im 14 km langen *Stausee Ottenstein,* ein Sportparadies.

Tipp Etwas südlich von Zwettl hat sich ein ganzes Dorf dem Mohn verschrieben. Ein *Mohnlehrpfad* erklärt die Theorie, anschließend kön-

5
Seite
45

nen süße und pikante Gerichte gekostet werden: beim **Mohnwirt,** Familie
Neuwiesinger, 3525 Armschlag,
☎ (0 28 72) 74 21, Di geschl. ⑤–⑤⑥

Gmünd

Das Eingangstor zu einem der eigen-
willigsten Abschnitte des Waldviertels,
nahe der tschechischen Grenze, ist
Gmünd (6000 Einw.), seit dem Versail-
ler Friedensvertrag von 1919 geteilt.
Am Stadtplatz dokumentiert das **Glas-
und Steinmuseum** Geschichte und Gegenwart zweier für die Gegend typi-
scher Handwerkszweige, Glasmacherei
und Granitbearbeitung. Die Attraktion
um Gmünd ist aber der **Naturpark
Blockheide:** In einer Wald- und Teich-
landschaft verbreiten gigantische Gra-
nitblöcke und Wackelsteine ihren über-
sinnlichen Zauber.

*Etwas für Esoteriker: Wackelstein
im Naturpark Blockheide*

 Tourismusbüro Gmünd,
Stadtplatz 34, ☎ (0 28 52)
5 25 06 38.

 Hotel Leonardo, 3945 Non-
dorf, ☎ (0 28 55) 5 00. Stilvolles, sehr ruhiges Kurhotel
im Grünen. ⑤⑥

*Das Mittelalter wie aus dem
Bilderbuch: im Stift Zwettl*

 Fabrikverkauf zweier Glas-
werkstätten 7 km nördlich
von Gmünd: **Stölzle Kristall,**
Altnagelberg, ◷ Mo–Fr 9–12, 13.30
bis 16.30, Sa 9–12 Uhr, ☎ (0 28 59)
75 31. **Waldglashütte Zalto,** Neunagel-
berg, ◷ Mo–Fr 7–12, 13–17, Sa
8–12 Uhr, ☎ (0 28 59) 72 37; hier
lassen sich die Glasbläsern bei der
Arbeit zusehen.
I.DE.A Designcenter, 3943 Schrems,
Mühlgasse 7, ◷ Mo–Sa 9.30–12,
14–18 Uhr, ☎ (0 28 53) 7 63 94. Werk-
stätte und Manufaktur mit edlem Por-
zellan, schön komponierten Teppichen
und fröhlich bunten Kindermöbeln.

*Drosendorf

Das entlegene Drosendorf (1300 Einw.,
195 km), in der ganz sich selbst über-
lassenen Thayalandschaft, ist etwas für

*Ein Wassersportparadies ist
der Stausee Ottenstein*

stille Genießer. In kleinen Mäandern und großen Schleifen pendelt der hier Thaya, dort Dyie genannte Flusslauf zwischen Oberösterreich und Mähren.

 Stadtamt, Hauptplatz 1, ☎ (0 29 15) 22 13. Infos und Broschüren für den Urlaub.

 Schloß Drosendorf, ☎ 2 32 10. Noble Gemächer, ◷ April–Okt. $

 Goldenes Lamm, Hauptplatz 27, ☎ 23 27. Wild- und Fischspezialitäten. $

Inmitten all der mittelalterlichen Wehranlagen entlang der Nordgrenze taucht überraschend eines der größten Barockschlösser des Landes auf: **Schloss Riegersburg.** Interessant ist die noch mit funktionstüchtigen alten Geräten bestückte Herrschaftsküche. Ein Kuriosum im Schlosspark: der private Hundefriedhof. (◷ April bis 15. Nov. tgl. 9–17, Juli, Aug. bis 19 Uhr.)

Auf dem Weg ins Kamptal

Tipp Viele Künstler wie das Designerehepaar Warlamis oder die Textildesignerin Vesna haben sich in die einsame Landschaft zurückgezogen, um schöpferische Kraft zu tanken. **Stift Geras** bietet das ganze Jahr über ein ständig wachsendes Programm an Kreativkursen in bildender Kunst und Musik an (s. S. 22).

Horn (6500 Einw., 244 km) bildet eines der drei Eingangstore in den Kulturpark Kamptal, der sich die ur- und frühgeschichtliche Besiedlung dieses Landstrichs zum Thema genommen hat. Das *Höbarth-Museum* zeigt eine urgeschichtliche Sammlung, ihr wertvollstes Stück ist die jungsteinzeitliche Venus von Eggendorf.

Wie aus dem Sagenbuch präsentiert sich die zum Renaissanceschloss umgebaute **Rosenburg,** wenn im riesigen Turnierhof Falkner in zeitgenössischen

 Seite 45

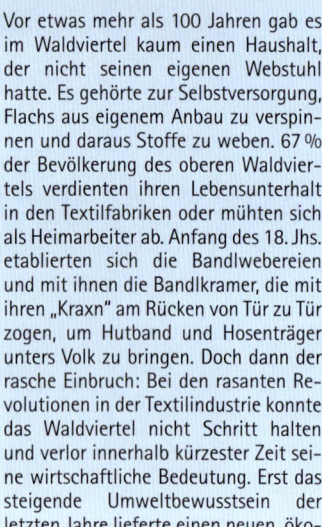

Bandlkramerland

Vor etwas mehr als 100 Jahren gab es im Waldviertel kaum einen Haushalt, der nicht seinen eigenen Webstuhl hatte. Es gehörte zur Selbstversorgung, Flachs aus eigenem Anbau zu verspinnen und daraus Stoffe zu weben. 67 % der Bevölkerung des oberen Waldviertels verdienten ihren Lebensunterhalt in den Textilfabriken oder mühten sich als Heimarbeiter ab. Anfang des 18. Jhs. etablierten sich die Bandlwebereien und mit ihnen die Bandlkramer, die mit ihren „Kraxn" am Rücken von Tür zu Tür zogen, um Hutband und Hosenträger unters Volk zu bringen. Doch dann der rasche Einbruch: Bei den rasanten Revolutionen in der Textilindustrie konnte das Waldviertel nicht Schritt halten und verlor innerhalb kürzester Zeit seine wirtschaftliche Bedeutung. Erst das steigende Umweltbewusstsein der letzten Jahre lieferte einen neuen, öko-

logischen Ansatz: Woodquarter-Design nannte die Textilwerkstatt Natura Linea ihren Versuch, dem Modedesign mit ökologischen Materialien wie Wolle, Leinen oder naturgegerbtem Leder ein neues Qualitätsmerkmal zu verpassen. Die Kollektion kann sich sehen lassen: **Natura Linea,** Fabrikstr. 4, 3812 Groß-Siegharts, ☎ (0 28 47) 36 75. Waldviertler Leinen oder Flachssocken gibt es in der **Leinenstube,** 3532 Rastenfeld 169, ☎ (0 28 26) 77 26. Die textile Geschichte ist in mehreren Museen dokumentiert: **Lebendes Textilmuseum,** Museumgasse 2, 3812 Groß-Siegharts, ☎ (0 28 47) 23 71; **Alte Textilfabrik,** In der Brühl 13, 3970 Weitra, ☎ (0 28 56) 29 73; **Erstes Waldviertler Webereimuseum,** Schadekgasse 4, 3830 Waidhofen/Thaya, ☎ (0 28 42) 5 34 01. Ein Anruf vor dem Besuch empfiehlt sich.

Kostümen die Kunst der Greifvogeldressur vorführen (◷ April–Nov. tägl. 11 und 15 Uhr).

*Gars am Kamp

Im Stadtbild von Gars am Kamp (3600 Einw., 254 km) sind verschiedene Epochen vertreten. Im Ortsteil Thunau ragt die **Burgruine** empor, auch Open-air-Kulisse für Opernabende im Sommer. Romanisch-gotischen Ursprungs ist die **Gertruden-kirche**. Bürgerhäuser aus der Renaissance schmücken den Hauptplatz wie Villen aus dem 19. Jh. Gesundheit ist das Schlagwort, mit dem Gars zuallererst in Verbindung gebracht wird. Dafür sorgen nicht zuletzt ein originelles Freibad und das Bio-Hotel von Willi Dungl.

Die Rosenburg bei Gars, eine der wenigen Renaissanceanlagen in Österreich

 Biotrainings-Hotel, Hauptplatz 58, ☏ (0 29 85) 26 66, 🖷 2 66 67 45. Luxushotel mit Kur- und Aktivprogrammen, im Restaurant Feines aus der Bio-Küche. ⑤⟩⟩

Langenlois

Einer der schönsten Abschnitte am Kamp zählt zu den besten Weißweinlagen des Landes. Im renovierten **Renaissancehaus** in Langenlois (6700 Einw., 275 km) können in der Vinothek die edlen Tropfen gekostet und gekauft werden. Die Ausstellung im **Ursin-Haus** widmet sich den ersten menschlichen Siedlungen in dieser Region.

Die hohe Kunst der Greifvogel-dressur in der Rosenburg

 im Ursin Haus, Kamptalstr. 3, ☏ (0 27 34) 20 00, 🖷 20 00 15.

 Wirtshaus Mayrhofer, Rudolfstr. 1, ☏ 38 58. Gehobene bodenständige Küche in einem Renaissancehaus. ⑤
Heurigenhof Bründlmayr, Walterstr. 14, ☏ 28 83. Zu kleinen Imbissen die Weine des ehrgeizigsten der Langenloiser Winzer. ⑤

5

Seite **45**

Gutes Zeichen vor einem Heurigen: Es ist geöffnet!

Route 6

Die Wachau: Finesse mit Federspiel

Krems – **Dürnstein** – *Weißenkirchen** – ***Melk** – *Schallaburg** –
Pöchlarn – Ybbs (108 km)

Im Osten, diskret am Hügel ruhend:
Stift Göttweig. Im Westen, selbst-
wusst sich ins Blickfeld drängend:
Stift Melk. Wie zwei mächtige Säulen
grenzen die markanten Sakralbauten
jenen kurzen Donauabschnitt ein, den
man als Österreichs Tempel der profanen Genüsse bezeichnen kann – die
Wachau. Ehrgeizige Winzer und kreative Köche haben sich in diesem lieb-
lichen, klimatisch begünstigten Landstrich links und rechts der Donau
zusammengefunden und vereinen
erstklassige Weißweine mit einer
raffinierten regionalen Küche. Eine
heitere Architektur sorgt für das pas-
sende Ambiente: Die beispiellose
Dichte an barocken Schätzen und
mittelalterlichen Bauten zeugt von
der frühen Blüte, die die malerische
Region der Donau, ihrem Grenzfluss
und Transportweg, verdankt. Zwei
Tage Zeit sollten Sie mindestens mit-
bringen, Bonvivants verbringen hier
einen ganzen Urlaub, lassen das Auto
stehen und besteigen das Fahrrad.

Mautern

Nicht erst ab 1463, als die erste Holz-
brücke über die Donau geschlagen
wurde, war Mautern (2900 Einw.) von
strategischer und wirtschaftlicher Bedeutung. Bereits als Römerlager Favia-
nis hatte es sich gegen andrängende
Völker zu bewähren. Das **Römermuse-
um** in der Margarethenkapelle, Reste
der Befestigungsmauer und der Rund-

turm zeugen noch immer von der
frühen Besiedlung. Für den heutigen
Besucher zählt Mautern unter den
Schlemmern und Weinkennern zu den
ersten Adressen. Eine der renommier-
testen österreichischen Köchinnen, Lisl
Wagner-Bacher, entfaltet hier ihre
Künste. Zudem ist Mautern in den
Schriften des hl. Severin als erster
Weinbauort Österreichs urkundlich belegt. Diese Tradition wird bis heute in
den Gemäuern des aus dem 11. Jh.
stammenden **Nikolaihofes** weiterge-
führt, wo Nikolaus Saahs in erster Linie
Riesling und Grünen Veltliner aus bio-
logischem Anbau keltert.

 Gemeindeamt, Rathaus-
platz 1, ☏ (0 27 32) 8 31 51,
🖷 8 31 51 12.

Wachauer Wein

Das milde Klima des Donauufers, die
kühlenden Winde aus dem Waldviertel sowie die kargen Böden spie-
len zusammen, um in der Wachau
Rieslinge und Grüne Veltliner in
Spitzenqualität zur Reife zu bringen
– wozu natürlich auch die Kunst der
Winzer beiträgt. Beherzte Vorkämp-
fer verhinderten einen Kraftwerks-
bau auf der Höhe von Dürnstein und
verbannten den Schwerlastverkehr
von der Bundesstraße, ehe sie sich
selbst strenge Qualitätskriterien
auferlegten und den Schutzverband
„Vinea Wachau Nobilis Districtus"
gründeten, der ihnen verbietet, Wein
oder Trauben aus anderen Gebieten
zuzukaufen.

Die Wachauer Weißweine wurden in
drei Kategorien eingestuft: „Steinfe-
der" bezeichnet alle leichten Weine
bis zu einem Alkoholgehalt von
10,7 %, „Federspiel" die Mittelklas-
se, trocken vergorene Weine bis zu
11,9 %, der Begriff „Smaragd" zeichnet schließlich die Spitzenweine ab
12 % aus, die erst ab 1. Mai nach der
Lese verkauft werden dürfen.

Landhaus Bacher, Südtiroler Platz 208, ☎ 8 29 37, 🖷 7 43 37. Gourmetereignis, das Gault-Millau mit drei Hauben rühmt; nostalgische Zimmer mit Geschmack. Ⓢ

Nikolaihof, Niko- lausgasse 77, ☎ 8 29 01, 🖷 7 64 40. Weingut und Weinstube; exquisite Schmankerl. Ⓢ

Blick auf die prächtige Orgel der Göttweiger Stiftskirche

* Stift Göttweig

Das Stift Göttweig hält sich diskret im Hintergrund und genießt aus einer Höhe von 450 m den einmaligen Blick über das Donautal. Die Entstehung der Abtei, die einer wehrhaften Schlossan- lage gleicht, geht ins Jahr 1083 zurück, als der Passauer Bischof Altmann hier ein neues Ordenshaus gründete. Nach einem verheerenden Brand (1718) sah der Plan zum Wiederaufbau einen großzügigen Prestigebau vor.

Im Stiftshof zieht die Brunnenpyrami- de mit dem Obelisken – schmückender Abschluss einer Wasserleitungskon- struktion – alle Blicke auf sich. Mittel- punkt ist jedoch die **Stiftskirche** mit ihren beiden eigenwilligen Türmen. Ei- ne großzügige Freitreppe weist den Weg ins farbintensive Kircheninnere.

Schattiges Plätzchen, spritziger Wein: Heuriger in der Wachau

In der Krypta sind das Göttweiger Gna- denbild, eine gotische Pietà sowie der Reliquienschrein des Klostergründers Altmann aufbewahrt, eine Augsburger Goldschmiedearbeit aus dem 17. Jh. Höhepunkt der Besichtigung ist die über drei Geschosse reichende **Kaiser- stiege,** deren Deckenabschluss Paul Trogers Fresko von der Apotheose Kar- ls VI. bildet. Über sie gelangt man zum Altmanni-Festsaal und zu den vier Kai- serzimmern, deren letztes – das Napo- leon-Zimmer – ein prächtiger Wand- spiegel ziert. (Stiftsführungen Ende März–Mitte Nov. tgl. um 10, 11, 14, 15, 16, 17 Uhr.)

Das schönste Fotomotiv in der Wachau: Dürnsteins Stiftskirche

6

Seite **45**

Landgasthof Schickh, 3511 Klein-Wien bei Furth/Göttweig, ☎ (0 27 36) 72 18. Kulinarischer Abstecher, der sich allein schon der Marillenknödel wegen lohnt. Mi, Do geschl. ⓢ

Wie alt die Weintradition in der Wachau ist, zeigen die vielen, meist mittelalterlichen Lesehöfe auf dem linken Donauufer. Heute revitalisiert, bereiten sie ein stimmungsvolles Ambiente in Arkadenhöfen oder alten Gewölben.

** Dürnstein

Einer der schönsten Lesehöfe steht in Dürnstein (1000 Einw., 20 km). Probst Hieronymus Übelbacher ließ sich 1714 nach Plänen Jakob Prandtauers das **Kellerschlössl** mitten in den Weinbergen erbauen. Heute sind die „Freien Weingärtner Wachau" im Besitz dieser Repräsentanz und gewähren im Rahmen ihrer Kellerführungen auch einen Blick in ihr Weinarchiv (Mitte April bis Mitte Sept. Di, Do 14.30 Uhr).

Dem baufreudigen Probst hat die „Wachauer Perle" jedoch noch ein viel bedeutenderes Juwel zu verdanken: das heute restaurierte ** **Augustiner-Chorherrenstift,** dessen Ansicht vom gegenüberliegenden Donauufer das bekannteste aller Wachau-Sujets ist. Die Barockisierung der ursprünglich gotischen Bausubstanz trägt zwar die Handschrift damaliger Baumeister wie Prandtauer oder Munggenast, Übelbacher setzte jedoch viele eigene Ideen durch, getrieben vom Ehrgeiz, auf dem Donaufelsen ein Gesamtkunstwerk zu schaffen. Weltliche Symbole dominieren den Stiftshof, ein mächtiges Portal öffnet den Kirchenraum, der in seiner feingliedrigen Ausgestaltung eine für Barockkirchen seltene Leichtigkeit vermittelt.

 Bäckerei und Konditorei Schmidl, Hauptstr. 21. Hier werden die inzwischen weit verbreiteten originalen Wachauer Laberl gebacken und verkauft.

6

Seite **45**

Unfreiwilliges Gastspiel

Historisch belegt ist, dass der englische König Richard Löwenherz auf der Kuenringer-Burg im 12. Jh. zwei Monate lang festgehalten und erst für teures Lösegeld von den Babenbergern freigelassen wurde. Der Sagenwelt entspringt der Zusatz, dass der Sänger Blondel seinen König nach langer Suche aufspürte, als dieser auf eine der Strophen des Spielmanns aus seinem Gefängnis zu antworten wusste.

Ca. 30 Minuten dauert der Anstieg zur **Ruine Dürnstein.** Der Weg entlang der Wehrmauer, die Stadt und Burg verband, gewährt einen schönen Ausblick über die Donautal, etwas abseits vom Touristenstrom, der sich in der Hauptsaison über das Städtchen ergießt.

 Gemeindeamt Dürnstein, ☎ (0 27 11) 2 19, 🖷 4 42. Alle Infos für den Urlaub.

 Romantikhotel Richard Löwenherz, Dürnstein 8, ☎ 2 22, 🖷 2 22 18. Malerisch in mittelalterlichen Gemäuern des ehemaligen Klarissinnenklosters, mit stilgerechter regionaler Küche. ⓢⓢ **Pension Leopold Böhmer,** Dürnstein 22, ☎ und 🖷 2 39. Ruhige Lage im Zentrum der Stadt. ⓢ

 Gasthof Sänger Blondel, Dürnstein 64, ☎ 2 53, 🖷 25 37. Wachauer Hausmannskost, netter Gastgarten. ⓢ **Goldener Strauß,** Dürnstein 18, ☎ 2 67. Gemütliches Wirtshaus am Stadteingang; bodenständige Gerichten und bekömmliche Weine. ⓢ

* Weißenkirchen

Aus dem ehemaligen „Tal Wachau" entstand durch den Zusammenschluss mit den Nachbarorten Joching, Wösendorf und St. Michael die größte der

Wachauer Weinbaugemeinden (1500 Einw., 26 km). Dominiert wird das Ortsbild der Winzerbastion von der markanten spätgotischen (innen barockisierten) **Wehrkirche,** die man nur über eine gedeckte Treppe erreichen kann. Einer der bemerkenswertesten Renaissancehöfe – der **Teisenhofer Hof** - liegt gleich neben dem Aufgang zur Pfarrkirche. Er beherbergt heute das **Wachau- und Weingärtnermuseum** (○ tägl. außer Mo 10–17 Uhr) mit Werken der Wachaumaler sowie die **Erste Niederösterreichische Weinakademie.** In diesem Rahmen findet Anfang Juni die Smaragdverkostung statt, stellen die Wachauer Winzer ihre Spitzenprodukte einem Vergleich. Doch auch zu allen anderen Zeiten kann man sich von der Qualität der Weißenkirchener Tropfen an Ort und Stelle überzeugen.

Am Landungssteg in Spitz

Frucht mit Facetten

Prinzipienreiter und Sprachpuristen haben ausgestritten. Die Marille ist kein linguistischer Zankapfel mehr, gelang es ihr doch, zum 1. 1. 1995 zusammen mit Fisole, Eierschwammerl und Paradeiser in die Liste der famosen 23 zu schlüpfen, für die das 10. Protokoll zu Österreichs EU-Beitrittsakte folgendes festhält: „Die in der österreichischen Rechtsordnung enthaltenen und im Anhang zu diesem Protokoll aufgelisteten spezifischen Ausdrücke der deutschen Sprache haben den gleichen Status und dürfen mit der gleichen Rechtswirkung verwendet werden wie die in Deutschland verwendeten entsprechenden Ausdrücke."

Aprikose oder Marille? Egal, alles nur noch eine Frage des guten Geschmacks. Die gelb-orange, einst aus dem fernen China nach Europa importierte Frucht verspricht unzählige Freuden übers ganze Jahr. Im Frühling erfreuen ihre Vorboten zunächst die Augen. Meist im April hüllt die Marillenbaumblüte die Wachauer Obstgär-

ten an der Donau für knappe zwei Wochen in einen zartweißen Schleier, an dem sich Touristenschwärme sattsehen. Ist die Marille erst einmal zur Reife gelangt, stürzt sich die regionale Mehlspeisenküche auf eine ihrer vielseitigsten Inspirationsquellen. Die Marille gibt sich bescheiden als Marillenkuchen auf schlichtem Biskuitboden oder anspruchsvoll im Wachauer Marillenstrudel. Unerreicht bleibt sie in den Marillenknödeln: Ein Stück Würfelzucker ersetzt den Kern der Frucht, die in einem Teigmantel eingefasst, kurz gekocht, in Butterbrösel gewälzt und schließlich mit Staubzucker nochmals versüßt wird. Als Marmelade landet sie nicht nur auf dem Frühstückstisch, sondern auch in den Backstuben der Pâtissiers, die für Unterlagen und Füllungen (z. B. der Sachertorte) das feine Aroma schätzen.

Wer weniger den süßen als den hochgeistigen Freuden zugetan ist, dem sei der edle Wachauer Marillenbrand ans Herz gelegt.

6

Seite **45**

Gasthof und Weingut Jamek, Joching 45, ☎ (0 27 15) 22 35. Weingut des Pioniers der neuen Wachauer Weinkultur, Josef Jamek. Die subtil bodenständige Küche würdigten die Gourmets mit einer Haube. ⑤

Prandtauerhof, Joching 36, ☎ 23 10. Kleine Karte mit Wachauer Schmankerln, Kostproben aus Weingut und Schnapsbrennerei im Lesehof von Barockbaumeister Prandtauer. ⑤

Florianihof, Wösendorf 74, ☎ 22 12. Raffiniertes aus dem regionalen Küchenrepertoire, serviert in den Gewölben des aus dem 12. Jh. stammenden Lesehofs. ⑤

Gasthaus Erwin Schwarz, 3521 Nöhagen b. Weißenkirchen, ☎ 0 27 17/82 09. Bodenständige, doch feine Küche, einmaliges Weinangebot; Mo, Di geschl., Nov. bis Mitte April nur am Wochenende geöffnet. ⑤

Spitz

Auf dem Weg zum Nachbarort Spitz (1800 Einw., 32 km) lohnt sich ein Halt bei der Wehrkirche von **St. Michael.** Das spätgotische Gotteshaus (10. Jh.) hat dem Besucher ein interessantes Sgraffito sowie einen Karner zu bieten und verfügt darüber hinaus über eine bespielbare Orgel aus der Renaissance.

Spitz bildet den Abschluss der Talenge und somit des Weinanbaugebietes am nördlichen Donauufer. Renaissance- und Barockhäuser, die dreischiffige spätgotische Kirche und das Rote Tor haben die bewegte Geschichte des Winzerortes überlebt. Wie sehr der Wein die Identität geprägt hat, zeigt das Spitzer Wahrzeichen, ein natürliches Phänomen mitten im Ort: der **Tausendeimerberg,** der in guten Jahren die magische Tausendergrenze (1 Eimer = 56 Liter) übertrifft. Für Wein, Holz und Salz war Spitz bereits im Mittelalter ein Umschlagplatz. Das **Schifffahrtsmuseum** informiert über eine jahrhundertealte Zunft (◷ April–Okt. tägl. 10–12, 14–16, So 13–17 Uhr).

Steinzeitschönheit

In **Willendorf** erinnert die überdimensionale Statue eines üppig gerundeten Frauenkörpers an den bedeutendsten steinzeitlichen Fund dieser Region. Das nur 11cm große Original der „Venus von Willendorf", 25 000 Jahre alt, steht im Wiener Naturhistorischen Museum.

Burg Oberranna, 3622 Mühldorf, Oberranna 1, ☎ (0 27 13) 82 21, 🖷 83 66. Zimmer und Appartements in spätgotischem Ambiente. ⑤

Weinhof Lagler, Rote Torgasse 10, ☎ (0 27 13) 25 16. Weinverkostung von Veltliner und Riesling, dazu Käse und Aufstrich sowie geräucherte Forellen. ⑤

Weingut Franz Hirtzberger, Kremser Str. 8, ☎ 22 09. Weißweine von internationalem Renommee in einem der ältesten noch bewirtschafteten Lesehöfe. Verkostung nach Voranmeldung.

Melk und Umgebung

Das Tal wird nun weiter, Wald und Wiesen lösen die steilen Terrassen der Weinkulturen ab. Am anderen Ufer blickt heute noch die Ruine der einst gefürchteten Kuenringerfestung Aggstein drohend auf die Donau herab, die ihre Burgherren einst kontrollierten.

Am westlichen Tor zur Wachau dann ein barocker Paukenschlag: Das ★★★ **Benediktinerstift Melk** ist zweifellos das Meisterwerk eines der umtriebigsten Baumeister seiner Zeit, Jakob Prandtauer. Der pompöse Bau wurde im Gegensatz zu den üblichen Klosteranlagen so angelegt, dass dank einer um die Kirchenfront geschwungenen Altane der Blick schon von weitem auf den selbstbewussten Doppelturm und die dahinter liegende Kuppel fällt.

Heiter, luftig, leicht: Stift Melk

Sein heutiges Aussehen erhielt die Abtei in der ersten Hälfte des 18. Jhs. Nach Prandtauers Tod führte dessen Schüler Josef Munggenast das Projekt zu Ende. Sein grandioses Raumempfinden beweist Prandtauer bereits mit dem trapezförmig angelegten Prälatenhof. Nicht minder eindrucksvoll ist der 196 m lange Kaisergang, über den man die Ausstellungsräume betritt. Das Melker Kreuz, das der Legende zufolge einst gegen den Donaustrom von Wien an den Ort seiner wahren Bestimmung trieb, wird in der Schatzkammer der Abtei verwahrt. Der Rundgang führt über die Altane in den Marmorsaal mit seinem perspektivisch raffinierten Deckenfresko von Paul Troger und der rund 90 000 Bände bergenden Bibliothek, danach in die großartige Stiftskirche, die trotz aller barocken Pracht ein Gefühl von perfekter Ausgewogenheit vermittelt. (Führungen Palmsonntag bis Allerheiligen tägl. 9–15 Uhr, Mai bis Sept. bis 16 Uhr zu jeder vollen Stunde, sonst 11 und 14 Uhr.)

Geblendet von so viel Prunk? Sie sollten die Stadt **Melk** (5100 Einw., 50 km), die sich still im Schatten ihres funkelnden Juwels hält, trotzdem nicht links liegen lassen. Eine sehenswerte Altstadt und gute Adressen könnten dazu bewegen, von hier aus einige Ausflüge in die Umgebung von Melk zu starten.

 Tourismusbüro, ☎ (0 27 52) 5 23 07 32, 🖷 5 23 07 37. Infos und Broschüren.

 Pension Wachau, Am Wachberg 157, ☎ 5 25 31, 🖷 5 25 31 13. Familiär geführtes Haus mit organisierten Freizeitaktivitäten. Ⓢ

 Hotel Stadt Melk, Hauptpl. 1, ☎ 5 24 75, 🖷 5 24 75 19. Kleines, feines Restaurant mit regionaler Küche, die mediterrane Einflüsse nicht verleugnen kann. Ⓢ
Zur Post, Linzer Straße 1, ☎ 5 23 45. Auflauf vom Weiß- und Graumohn ist nur eine der regionalen Köstlichkeiten, auf diese Speisekarte setzt. Ⓢ

Wenige Kilometer südlich von Melk hat die Renaissance-Architektur eines ihrer schönsten Zeugnisse in Österreich hinterlassen. Anziehungspunkt auf der ursprünglich mittelalterlichen Anlage *Schloss Schallaburg ist der zweigeschossige Terrakottahof (16. Jh.). Aus 1600 Einzelteilen hat Jakob Bernecker ein groteskes Mosaik aus Masken, Fratzen und Fabelwesen zusammengesetzt. Im kleinen Arkadenhof ist noch der romanische Kern der Gesamtanlage erkennbar (Ⓒ Ende April bis Ende Okt. Mo–Fr 9–17, Sa, So 9–18 Uhr).

Die Strafe Gottes

Die berühmteste Kuriosität auf Schloss Schallaburg ist das „Fräulein mit dem Hundekopf", deren Furcht erregendes Antlitz eine Rittersage zu erklären weiß: Geldgier und Mordlust eines Ritters sollen durch die Geburt einer grausig entstellten Tochter bestraft worden sein.

Im Nibelungengau

Liebhaber der Malerei setzen ihre Fahrt am südlichen Donauufer fort, in das bereits im Nibelungenlied für seine Gastfreundschaft gepriesene **Pöchlarn** (3500 Einw., 61 km). Oskar Kokoschka (1886–1980), neben Egon Schiele der wohl bedeutendste österreichische Maler des 20. Jhs., kam hier zur Welt. Im Geburtshaus ist ihm eine Dokumentation zu Leben und Werk sowie eine jährlich wechselnde Sommerausstellung gewidmet (Regensburgerstr. 29; Ⓒ Mai bis Sept. Di–So 9–12, 14–17 Uhr). Für geschichtlich Interessierte ist der Besuch von **Artstetten** am nördlichen Donauufer ein Muss. Das Schloss ist die Grabstätte des 1914 ermordeten Thronfolgers Franz Ferdinand und seiner Frau Sophie, der aufgrund ihres Standes die Ruhestatt in der Wiener Kaisergruft verwehrt blieb. Die Ausstellung „Von Mayerling bis Sarajewo" porträtiert Franz Ferdinand als Staatsmann und Militärstrategen ebenso wie

6

Seite 45

als Familienvater, Jäger und Sammler (☉ April bis Anf. Nov. tägl. 9–17.30 Uhr).

Ein ruhiger Ausklang? Aus einer Höhe von 443 m überblickt die doppeltürmige Wallfahrtskirche von * **Maria Taferl** den Talabschnitt des Nibelungengaus. Die durch einen heidnischen Opferstein und mehrere wundersame Heilungen genährten Mären sollen im 17. Jh. einen Pilgerboom ausgelöst und die

Barocker Höhepunkt der Architektur in Österreich: das Benediktinerstift Melk an der Donau

katholische Kirche zum Bau der Basilika bewogen haben. Auch Jakob Prandtauer und der Maler Kremser Schmidt legten dabei Hand an. Heute sind es die Pracht des barocken Bauwerks, aber auch das Bedürfnis nach Erholung und guter Luft, die auf den Bergrücken oberhalb von Marbach locken, wo sich unzählige Wanderwege kreuzen.

Der zweigeschossige Arkadenhof der Schallaburg

Ybbs

Die Ankunft in Ybbs (5900 Einw., 108 km) bedeutete für die flussabwärts fahrenden Donauschiffer einst Erleichterung über die überstandene Fahrt durch die Donaustrudel. Heute ist sie für so manchen Radfahrer ein Etappenziel am Donauradweg. Die Siedlung erlangte als kaiserliche Mautstelle unter den Babenbergern einen wichtigen Status und 1317 das Stadtrecht. Bauwerke wie der frühgotische **Passauer Hof,** die **Alte Weinmaut** oder das ehemalige **Sandtor,** der einzige Durchgang zum Donauufer, sind die herausragenden architektonischen Zeugnisse im während der letzten Jahre revitalisierten mittelalterlichen Altstadtensemble.

 Tourismusinformation, Hauptpl. 1, ☎ (0 74 12) 5 26 12, 🖷 5 26 12-555.

 Villa Vogelsang, Reiteringerstr. 12, ☎ 5 46 81, 🖷 5 46 81 41. Nostalgische Villa in Parkanlage, Zimmer in allen Preisklassen. ⑤–⑤⑤

6

Seite **45**

Maria Taferl, über Jahrhunderte ein festes Pilgerziel

Route 7

Grüne Idylle

St. Pölten – Lilienfeld – *Mariazell – *Gaming – St. Pölten (215 km)

Spirituell oder sportlich? Diese Route kann unter zwei recht unterschiedlichen Gesichtspunkten in Angriff genommen werden. Einerseits verläuft durch das Traisental das letzte Stück der Via Sacra, des Pilgerweges von Wien über die Zisterzienserabtei Lilienfeld zum Marienheiligtum Mariazell. Andererseits wird das waldreichste Gebiet des Landes ganz vom 1893 m hohen Ötscher beherrscht, der mit seinem Naturpark Sportlern, speziell Wanderern, unerschöpfliche Möglichkeiten bietet. Je schroffer die Berge, je dunkler die Seen, je quirliger die Bäche zur steirischen Grenze hin werden, desto vielfältiger gestaltet sich das Paradies für Fans des Outdoor-Sports. Da werden zwei Tage schnell zu knapp.

Lilienfeld

Als „grüne Lunge" des Landes preist sich Lilienfeld (3000 Einw., 23 km) mit seiner Region an. Darüber hinaus hat es auch ein kunsthistorisches Juwel zu bieten. ****Stift Lilienfeld,** 1202 vom „glorreichen" Herzog Leopold IV. gegründet, ist Österreichs größte Klosteranlage aus dem Mittelalter. Der Babenbergerherzog stiftete nach seiner Rückkehr vom Kreuzzug eine Kreuzreliquie, der auch heute noch das Gebet der Pilger gilt, die über die Via Sacra nach Mariazell wandern. An der Klosterarchitektur ist der Übergang von der Romanik zur Gotik abzulesen. Mit einer Seitenlänge von über 40 m, einem Kreuzrippengewölbe, das sich auf 478 Marmorsäulen stützt, und gotischen

Glasmalereien gehört der Hof im Kreuzgang zu einem der bedeutendsten im Land. Ein Blickfang ist das mächtige frühgotische Trichterportal der Klosterkirche, dessen Wandschrägen durch 16 schmale Säulen gegliedert sind. Die Last der von schwarzem Marmor und Gold dominierten Barockeinrichtung der Kirche löst sich dank der großzügigen Dimensionen des gotischen Innenraums mit seinem zweischiffigen Chorumgang wieder auf. (© Führungen Mo bis Sa 8–11 und 14–16.30, So 14 bis 16.30, ☎ 0 27 62/ 5 24 20.)

Zwei Premieren sind der Stolz der Lilienfelder. Die eine geht zurück in die Zeit der Babenberger: Die Abtei hütet das erste offizielle Siegel des österreichischen Wappenschildes aus dem Jahr 1230. Die zweite Pioniertat gelang 1905 dem Erfinder der alpinen Skilauftechnik, Mathias Zdarsky, mit dem ersten Torlauf der Alpinsportgeschichte. Das **Bezirksmuseum** im alten Torturm hat die rasanten Abfahrten der Rennläufer dokumentiert (© Do 17–19, Sa 15–17, So 9.30–11.30 Uhr oder nach Voranmeldung, ☎ 0 27 62/ 5 22 12 17).

Erste Schwünge ins Tal

Die Bestzeit: 12,34 Minuten. Die Strecke: 500 m Höhenunterschied. Hänge von mehr als 35 % Gefälle, 85 Tore, eine Gegensteigung (!) von 40 Höhenmetern. Mit dabei beim ersten Torlauf der Skigeschichte am 19. März 1905 am Lilienfelder Muckenkogel: 23 Männer und eine Frau.

Die Idee dazu stammte von Mathias Zdarsky (1856–1940). Der universell begabte Lehrer, Maler und Akrobat auf damals noch recht ungefälligen Brettern stellte um die Jahrhundertwende entscheidende Weichen für den alpinen Skilauf. Er adaptierte die im Flachland bewährten Schneeschuhe aus Norwegen für das steile Gelände. Eine feste Stahlsohlenbindung gewährte nicht nur sicheren Halt, sondern revo-

15 Stifte haben sich zur Initiative **„Klösterreich"** zusammengetan und öffnen ihre Pforten für Urlauber, die nach Stille, Muße und Einkehr suchen. Lilienfeld gehört dazu. ☎ (0 27 35) 55 35-0.

Annaberg

In mächtigen Kehren schlängelt sich die Straße ins 973 m hoch gelegene Annaberg (56 km) empor. Der Blick auf das Dorf mit seiner spätgotischen Wallfahrtskirche kündigt eine verschlafene Bergidylle an. Doch weit gefehlt: Im Winter verwandelt sie sich in eine recht lebendige Skistation.

 Alpenkurhotel Gösing,
☎ (0 27 28) 2 17,
🖷 21 81 16. Ruhe und Regeneration mit Sport-, Kur- und Schönheitsprogrammen; Haubenküche. Ⓢ

*Mariazell

Die „Magna Mater" begründete den Ruhm des knapp jenseits der Landesgrenze, in der Steiermark liegenden

lutionierte die Abfahrtstechnik. Der Schwung wurde von nun an nicht mehr aus der Rückenlage angesetzt, sondern aus der stabileren Vorlage. Einzig Zdarskys Einstocktechnik war schnell von den wendigeren Doppelstöcken überholt. Geschwindigkeiten bis zu 100 km/h soll er selbst erreicht haben, bei den von ihm organisierten Torläufen legte er (außer Konkurrenz laufend) Zeiten vor, die alle Teilnehmer in den Schatten stellten.

Bald ahnte er, dass dieser Sport das Potential eines Volksvergnügens in sich trug. Er gründete bereits 1898 einen Skiverein und gab das erste Skilehrbuch heraus. Und tatsächlich: Im Januar 1906 verkehrte der erste direkte Sportzug von Wien nach Lilienfeld.

Fotogener Bergbauer

An pfundigen Schnee gibt's im Ötscherland

 Seite 45

7

Die Marienwallfahrt nach Mariazell hat eine lange Tradition

Mariazell (1900 Einw., 78 km). Blitzsauber, mit bunten Fahnen geschmückt präsentiert sich der zentrale Platz, nur ein Ring aus Buden mit religiösem Tand ist zu überwinden, um den Zielpunkt der Via Sacra zu betreten. Mit einer aus Lindenholz geschnitzten Statue begann hier im Mittelalter der Marienkult. Die erste Kirche ließ Markgraf Vladislav von Mähren noch im 12. Jh. in die Gebirgslandschaft zwischen Ötscher und Hochschwab bauen. Die heute dreitürmige Basilika gestaltete der italienische Barockbaumeister Domenico Sciassia, der von der gotischen Substanz nur Mittelturm und Langhaus bestehen ließ. Spiritueller Mittelpunkt der Kirche ist der Gnadenaltar von Josef Emanuel Fischer von Erlach, der die Entwürfe für den von Kaiser Karl VI. gestifteten Hochaltar lieferte.

Das Seelenheil muss man erbitten, für das körperliche Wohl genügt die Wahl zwischen Tauchen, Surfen oder Schwimmen im nahe gelegenen tief grünen Erlaufsee. Der Mariazeller Hausberg, die **Bürgeralpe** (1270 m), kann zu Fuß oder per Mountainbike bezwungen werden, die 1624 m hohe **Gemeindealpe** bietet Paragleitern eine attraktive Startrampe.

 Tourismusverband Mariazeller Land, Hauptplatz 13, ☎ (0 38 82) 23 66, 🖷 39 45.

 Hotel Schwarzer Adler, Hauptplatz 1, ☎ 28 63, 🖷 28 63 50. Komfortables Haus im Zentrum, sonnige Terrasse und verheißungsvolle Speisekarte. ⑤
Zum Goldenen Ochsen, Arthur-Krupp-Platz 3, ☎ 24 07, 🖷 4 41 77. Gemütliche Zimmer und Appartements, bekannt gute Küche. ⑤

 Filzwieser, Bundesstraße 78, Mitterbach, ☎ 25 04, 🖷 25 04 31. Veredelte bodenständige Kost. ⑤
Lurgbauer, St. Sebastian, Lurg 1, ☎ 37 18. Kleines Gasthaus mit Rindfleischgerichten, eigene Züchtung. ⓒ Juli, August tgl., sonst Mi–So. ⑤

Richtung Lunz am See

Zu einem unheimlichen und steilen Waldpfad verengt sich die Straße zur Passhöhe des Zellerrains hin, öffnet sich aber wieder breit und einladend zum Ötscherland hinab. Die prächtigen alten Holzhöfe am Taleingang zur Sommer- wie Winterfrische **Lackenhof** (108 km) sind Zeugen der einst blühenden Waldwirtschaft. Kartäusermönche aus Gaming hatten die unwirtlichen Urwälder rund um den Ötscher gerodet und Holzknechtsiedlungen errichtet. Der Tourismus hielt in Lackenhof erst in den letzten Jahrzehnten Einzug, spät genug, um dem Naturschutzgedanken Raum geben zu können. Bis in den Frühling hinein ist der Ort am hinteren Talschluss ein schneesicheres Ziel für Wintersportler.

In der warmen Saison verspricht der *Naturpark Ötscher-Tormäuer* eindrucksvolle Naturspektakel wie den 300 m hohen Trefflingfall oder die Ötscher-Tropfsteinhöhlen (ⓒ Mai bis Sept. Sa, So 9–16 Uhr, Juli und Aug. Mi 13–16 Uhr, Voranmeldung unter ☎ 0 74 85/9 85 59).

 Paragleiten, Drachenfliegen: **Flugschule Ötscherland,** Lackenhof, ☎ (0 74 85) 97 31 71, 🖷 97 31 74.

*Lunz am See

Der Ort (2100 Einw., 129 km) zählt insgesamt gleich drei Bergseen zu seinem Erholungsgebiet. Der auf 600 m gelegene *Lunzer See* reiht sich nicht nur unter die saubersten österreichischen Alpenseen ein, er erwärmt sich im Sommer auch soweit, dass das Schwimmen Spass macht.

Feinschmecker stehen vor der Wahl, sich mit Angel und Haken selbst auf die Jagd nach dem Lunzer Seesaibling zu machen oder ihn sich gleich auf der Terrasse des Seerestaurants servieren zu lassen. Die von gusseisernen Heiligen gesäumte **Töpperbrücke** im Zentrum des Ortes und das sgraffitoverzierte **Amonhaus** mit seinem Heimatmuseum erinnern an die „schwarzen Grafen" der alten Eisenstraße. Das Eisen des steirischen Erzberges, das entlang von Ybbs und Erlauf nach Norden transportiert wurde, ließ an den Flussläufen einen vorindustriellen Wirtschaftszweig erblühen. Den Schleifen und Schmieden – einige wie die Schauschmiede Fahrngruber-Hammer (Ybbsitz, In der Noth 39, ☎ 0 74 43/8 63 43) sind bis heute in Betrieb, um Besuchern in einer Art lebendem Museum die alten Techniken zu demonstrieren – standen die Hammerherren vor, die ihren Reichtum in herrlichen Häusern zur Schau stellten. Einen guten Einblick in das Land der Hämmer gewährt die **Schmiede-meile,** ein zweistündiger Spaziergang entlang des Nothtals, der an mehreren Betrieben und Schautafeln vorbeiführt; Ausgangspunkt ist das Kremayrhaus in Ybbsitz.

Stürzende Wasser im Naturpark Ötscher-Tormäuer

 Marktgemeinde Lunz am See, Amonstr. 16, ☎ (0 74 86) 80 81 15, 🖷 80 81 20.

 Seerestaurant Grubmayr, Seepromenade 11, ☎ 83 03. Je nach Saison Fisch- oder Wildspezialitäten, Terrasse direkt am See. $

Ein stilles, wenig bekanntes Idyll: der Lunzer See

Anhänger des Outdoor-Abenteuers sollten an der Ybbs entlang weiterziehen, denn **Göstling** am Fuße des Hochkars hat neben Gebirgsfreuden auch Drachenfliegen, Trekking und Rafting in seinem Aktivprogramm.

 Verkehrsverein Göstlinger Alpen, ☎ (0 74 84) 22 04 19, 🖷 50 20 18.

 Tipp Der Rafting-Experte **Rudolf Scheiblechner,** Stixenlehen 48, Göstling, ☎ (0 74 84) 22 44, 🖷 29 38), begleitet Abenteuerlustige auf den Flüssen Salza, Enns und Ybbs.

In den Schauschmieden zeigt man alte Handwerkstechniken

7

Seite **45**

Route 8

Weingeist und Waldesruh

Wien – *Baden – **Heiligenkreuz – *Mayerling – Bad Vöslau – *Gumpoldskirchen – Wien (115 km)

Wälder und kantige Felsen, Quellen und spritzige Weine – viel Bodenständiges begegnet Ihnen auf einer Fahrt durch den Wienerwald zu den Sommerfrischen und Weinschenken an der Thermenlinie im Süden Wiens. Die Natur vor der Haustür der Bundeshauptstadt gibt Gelegenheit zum Erholen, Wandern oder Klettern, sorgt aber auch für einen ausgewogenen Abschluss sportlichen Tatendrangs: mit erfrischenden Weinen, die zur Landschaft passen. Was dabei nicht übersehen werden sollte: Der Wienerwald erzählt auch österreichische Geschichte von der Blüte der Babenberger bis zu den Nöten der Habsburger. Ein Tag vergeht da wie im Flug.

*Baden

Südlich von Wien beginnt das Wiener Becken, eine Ebene mit Weinkulturen, umrahmt von markanten Erhebungen entlang der Thermenlinie und dem Rücken des Wienerwaldes. Was Wunder, dass sich hier der Urlaubsgedanke schon vor über 150 Jahren verfestigt hat. Baden (24 000 Einw., 30 km) wurde früh zum Zentrum kaiserlicher Sommerfrische. Bei entsprechender Wetterlage erkennt man die Biedermeierstadt auch am Duft: Schwefelquellen, die täglich mehrere Millionen Liter Thermenwasser zu Tage befördern, machen sich auch über die Bädermauern hinaus bemerkbar. Bereits die Römer, die in Carnuntum ihre Befestigungsanlagen errichtet hatten, linderten hier ihre Altersbeschwerden.

*Gaming

Als wirtschaftliches und kulturelles Zentrum erwies sich sehr früh Gaming (3800 Einw., 140 km) mit seiner 1330 vom Habsburgerherzog Albrecht II. gestifteten **Kartause.** Die weite Anlage mit seinen Zellenhäusern, den zwei Kreuzgängen und der außergewöhnlichen Klosterkirche war im späten Mittelalter eine der größten Kartausen im deutschsprachigen Raum. 1782 wurde auch sie Opfer des josefinischen Reformprogramms, verschleppte Teile der spätbarocken Kircheneinrichtung sind heute in anderen Pfarreien zu finden. So erklärt sich auch der nüchterne Innenraum der Klosterkirche. Dennoch ist der steile einschiffige Bau mit den hochgotischen Kreuzrippen, dessen Breiten-Höhen-Relation mit 1:2,75 den Dimensionen des Mittelschiffs einer mehrschiffigen französischen Kathedrale entspricht, einzigartig in seiner Wirkung. Kaum zu glauben, dass die in blankem Weiß erstrahlende Anlage bereits dem Verfall preisgegeben war und sich erst auf private Initiative zum stilvollen Rahmen einer Universität und eines Hotel wandelte (Führungen Mai bis Okt. tägl. 11, 15 Uhr sowie nach Voranmeldung, ☎ 0 74 85/9 86 82).

Tipp Im stilvollen Rahmen der Kartause finden alljährlich Mitte August die Internationalen Chopintage statt.

1812 vernichtete ein Brand die Stadt fast vollständig, sodass es in Baden kaum Bauten aus Epochen vor dem 19. Jh. gibt. Der von Baumeister Josef Kornhäusel geprägte Wiederaufbau sorgte für die einheitliche Biedermeierarchitektur der Kurstadt. Heute wirkt das Badener Zentrum mit seiner makellos sauberen Fußgängerzone und den kleinen Gässchen wie eine eitle, etwas betagte Dame, die es tagsüber gemütlich angeht, um am Abend fit zu sein für die Nächte im Casino.

Einer der schönsten Orte, um sein Geld zu verspielen: das neue Casino in Baden

Am Josefsplatz beginnt der Stadtbummel beim klassizistischen **Frauenbad** mit seinem Säuleneingang. Das einst so populäre Bad wird heute nicht mehr in seiner ursprünglichen Funktion, sondern als Ausstellungsraum für zeitgenössische Kunst genutzt. In der Frauengasse befindet sich linker Hand der **Magdalenenhof,** eine der sieben Beethoven-Adressen der Stadt.

Im Kurpark von Baden bummelten schon kaiserliche Gäste

Zentraler Blickfang des Hauptplatzes ist die **Dreifaltigkeitssäule** mit dem Ferdinandsbrunnen, eines der wenigen Barockdenkmäler Badens. Eingerahmt wird der Platz vom nach Plänen Kornhäusels entstandenen **Rathaus,** dem Kaiserhaus, das dem letzten Habsburgerkaiser Karl von 1916–1918 als Wohnsitz diente, und der einladenden Terrasse des Café Central. Nimmt man die Dreifaltigkeitssäule als Ausgangspunkt, so bietet sich links ein kurzer Abstecher ins **Beethovenhaus** (Rathausgasse 10) an, man kann aber auch durch die Pfarrgasse rechts vorbei am Stadttheater zur **Pfarrkirche St. Stephan** spazieren oder geradeaus über die Theresiengasse den direkten Weg zum **Kurpark** wählen, wo im unterer Teil links das Casino zum mondänen Vergnügen einlädt. Oberhalb beginnen die Kieswege des in den Hang angelegten Gartens anzusteigen. An Pavillons und der Sommerarena vorüber, jenem Freilufttheater mit ausfahrbarem Glasdach,

8

Seite **77**

Stift Heiligenkreuz blickt auf acht Jahrhunderte zurück

das im Sommer wetterfesten Operettengenuss garantiert, kommt man zum Strauß- und Lanner-Denkmal, noch höher zur Mozartbüste und schließlich zum Beethoventempel, wo ein wunderschöner Ausblick für die kurze Anstrengung belohnt.

Entspannen können Sie sich dann im **Dolbhoffpark** mit seinem vor allem im Juni in höchster Pracht erblühenden Rosarium. Das originellste Sommervergnügen ermöglicht das 1926 im Art-Déco-Stil erbaute **Strandbad** mit einer riesigen Schwimmanlage und einem Sand- und Palmenstrand (© Mai bis Sept.).

 Kur- und Bäderdirektion Baden, Brusattiplatz 3, ☎ (0 22 52) 4 45 31-0, 🖷 4 45 31-49.

 Parkhotel Baden, Kaiser-Franz-Ring 5, ☎ 4 43 86, 🖷 8 05 78. Direkt am Kurpark gelegen, Schönheitskuren mit Thalasso-Therapie. $))

Hotel Krainerhütte, Helenental, ☎ (0 22 52) 4 45 11, 🖷 4 45 14 99. Die schöne und ruhige Lage tröstet über den gewagten Baustil hinweg. $)

 Streiterhof, Leesdorfer Hauptstr. 67, ☎ 8 02 53. Heuriger in außergewöhnlichem Ambiente, Spanferkel am offenen Feuer. $

 Wertvolles Kleinod, vor allem Silberwaren und Antiquitäten, sind im **Beethovenhaus,** Rathausgasse 10, zu erwerben; © Mo–Fr 9–12, 14.30–18 Uhr.

Im *Helenental

Landschaftlich reizvoll ist die Fahrt durch das Helenental. Nach einigen Weinkulturen markieren die schroffen Kalksteinzacken den Übergang von der Ebene der Thermenlinie in den Wienerwald. Rechts kündigt die Raubritterruine **Rauhenstein** (12. Jh.) den Taleingang an, von da an schlängelt sich die Straße durch die Wald- und Aulandschaft der Schwechat. Bald ist eines der bedeutendsten Babenberger-Denkmäler erreicht: **★★Stift Heiligenkreuz** (44 km), das von Markgraf Leopold I. 1133 als Grabstätte für seine Familie gedacht war.

In der Klosterkirche kommt der Übergang von der Romanik zur Gotik durch das Nebeneinander der dreischiffigen Pfeilerbasilika und des gotischen Altarraums eindrucksvoll zur Geltung. Die Kirche mit ihrem barocken Chorgestühl von Giovanni Giuliani und zwei Orgeln ist jedoch erst die letzte Station der Führung durch das Kloster. Diese beginnt an der asymmetrisch angelegten Westfassade der Kirche, führt von der Pforte durch den Kreuzgang mit seinen auf Farben völlig verzichtenden Grisaille-Glasfenstern (ein Gebot der Zisterzienser in ihrem Streben nach Askese) und ermöglicht einen Blick in den Kapitelsaal, ins anmutige Brunnenhaus mit seinen an Farben umso prächtigeren Glasfenstern oder in die Fraterie. Dieser Arbeitsraum der Mönche erhält mit seiner Säulenarchitektur und der Quadersteinbemalung an den Wänden seinen einmaligen Charakter. (Stiftsführungen: Mo–Sa 10, 11, 14, 15 und 16 Uhr, So, Fei ab 11 Uhr.)

*Mayerling

Das Jagdschloss des Kronprinzen Rudolf erlangte seine Berühmtheit durch eine Tragödie: Der Thronerbe hatte sich 1889 mit seiner Geliebten, der 18jährigen Baronesse Mary Vetsera, das Leben genommen – ein Skandal, der damals eiligst vertuscht werden musste. Die junge Frau wurde umgehend auf dem benachbarten Heiligenkreuzer Friedhof zur letzten Ruhe gebettet, während der Kronprinz seinen standesgemäßen Platz in der Kapuzinergruft erhielt. Die Herzenstragödie zieht heute noch Besucher an den Unglücksort, auch wenn Historiker am romantischen Mythos kratzen und bei der Erklärung der Tat auch an die politischen und persönli-

8

Seite **77**

chen Differenzen zwischen Vater und Sohn erinnern. Die kleine Kirche mit ihren angeschlossenen Schauräumen ist ein Kuriosum ersten Ranges, ließ doch der Kaiser das Jagdschloss in ein Kloster verwandeln. An der Stelle der schicksalsträchtigen Schlafgemächer steht heute der Kirchenaltar, ein Schaufenster gönnt Diener und Kutscher, den Zeugen der Todesnacht, eine flüchtige Hommage, in zwei profanen Zimmern illustrieren Teppichreste, Möbelstücke und Fotografien die mit unglaublichem Verehrungs- und Konservierungswillen betreute Legende. (◑ Mo–Sa 9–12.30, 13.30–18 Uhr, So, Fei 10–12.30, 13.30–18 Uhr; Okt.–März bis 17 Uhr.)

 Hotel Mayerling mit **Landgasthof Marienhof,** 2534 Mayerling 1, ☎ (0 22 58) 23 78, 🖷 23 78-41. Vier Sterne; bodenständige Spezialitäten im Landgasthof, Gourmetgenuss im Haubenrestaurant „Kronprinz". Ⓢ

Richtung Berndorf

Alland kennt man als Autobahnausfahrt. Wer hätte gedacht, dass hier eine Tropfsteinhöhle samt 10 000 Jahre altem Bärenskelett zu besichtigen ist? Die Abzweigung zur Höhle (Buchbergstraße) befindet sich links, dort wo die Straße zum Ortsende Richtung Hafnerberg hin anzusteigen beginnt (◑ 1. April bis 31. Oktober Sa, So und Fei 9–17 Uhr, im Juli und August auch an Wochentagen von 13–17 Uhr). Die Rückfahrt entlang der Triesting verläuft über **Pottenstein,** das eine architektonische Rarität – einen romanischen Doppelkarner – im Ortszentrum birgt. Nach der Tour durch die ein wenig verschlafenen Landschaften überrascht *Berndorf (8400 Einw., 68 km) mit geradezu städtischem Charakter. Sein heutiges Gesicht erhielt es im Wesentlichen im Laufe des 19. Jhs., als der deutsche Industrielle Arthur Krupp die Kleinstadt durch die Produktion hochwertigen Essbestecks zu rascher Blüte

führte. Als besondere Kuriosität gelten die *Stilklassen, jene Klassenräume der Hauptschule, die höchst anschaulich in verschiedene Kunststile einführen (◑ So, Fei und Ferientage 8.30 bis 12, 13–17 Uhr, an Unterrichtstagen 13.30–17 Uhr). Zu finden ist die Schule einfach, denn sie liegt gleich neben der *Margarethenkirche,* jenem auf der Anhöhe thronenden barocken Kuppelbau, der die Stadt schon von weitem dominiert.

 Waldgasthof Schimanszky, 2560 Berndorf, Rosengasse 18, ☎ (0 26 72) 8 23 20. Traditionelle Küche mit Verführung zum Backhendl. Ⓢ

Bad Vöslau

Die B 212 Richtung Bad Vöslau windet sich durch einen jener nicht enden wollenden Wälder, bis sie völlig unerwartet den Blick auf die weite Ebene der Thermenlinie freigibt. Als Kurstadt gibt sich Bad Vöslau (11 000 Einw., 77 km) keineswegs so manierlich wie Baden, die Biedermeier-Architektur verrät sich hier nur noch punktuell. Besonderer Blickfang ist das klassizistische **Thermalbad** von Theophil Hansen.

 Kurverwaltung Bad Vöslau, Stadtamt, Schloßplatz 1, ☎ (0 22 52) 7 07 43, 🖷 7 71 90.

 Altes Hauerhaus, Hauptstr. 38–40, ☎ 7 11 92. Zimmer und Apartments im Winzerhaus, Eigenbauweine. Ⓢ

Ausgsteckt is' …

Bad Vöslau ist nicht nur für seine warmen Quellen bekannt, sondern auch für seine Rebensäfte. Vor allem im benachbarten **Sooß** herrscht am Wochenende Parkplatznot, so dicht an dicht reihen sich die hervorragenden Heurigenlokale.

8

Seite **77**

Hotel Stefanie, Badplatz 1, ☎ 7 62 36,
🖷 7 09 19. Direkt vor dem Bad gelegen, vermittelt das Flair eines Mittel-
meerstrandbades. Ⓢ

Restaurant Am Harzberg,
Am Harzberg 1, ☎ 7 07 57.
Bei der Jubiläumswarte mit
schöner Aussicht. Ⓢ
Franz Schlager, Hauptstr. 32, Sooß,
☎ (0 22 52) 8 89 88. Wunderbare Wei-
ne in überraschender Vielfalt und ein
Heurigenbüfett mit pfiffigen Ideen.
Franz Schlager begrüßt jeden seiner
Gäste persönlich und holt gerne den
Schlüssel, wenn man seine Verkaufs-
räume besichtigen will. Ⓢ

*Gumpoldskirchen

Ab Gumpoldskirchen (3200 Einw.,
89 km) gibt nur noch der Wein den Ton
an. Hier drängt sich Winzerhaus an
Winzerhaus, erinnern ein **Renaissance-
Rathaus** und der **Pranger** an eine lange
Geschichte, die schon im Mittelalter
vom Weinhandel geprägt war. Zier-
fandler, Neuburger und Rotgipfler – ein
fruchtiger Weißer, der seinen roten
Triebspitzen den irreführenden Namen
verdankt – sind die drei Rebsorten, die
in dieser Gegend gedeihen und getestet
werden sollten. Die am höchsten Punkt
des Ortes gelegenene **Michaelskirche**
ist Ausgangspunkt vieler Wanderwege.
Wissbegierige können dem **Weinlehrpfad** folgen und alles über Gumpolds-
kirchner Traubensäfte erfahren, Sportlichen empfiehlt sich der **Anninger**
(674 m) mit der Willhelmswarte, zum
gemächlichen Lustwandeln in der Ebene wurde entlang der Hochquellenwas-
serleitung der **Beethovenweg** bis Baden
angelegt.

ⓘ Tourismusinformation,
Schrannenplatz 7,
☎ (0 22 52) 6 24 21.

Altes Zechhaus, Kirchenplatz
1, ☎ 6 22 47. Altes, im Original erhaltenes Anwesen,
gute Weine, hausgemachte Strudel,
hauseigene Brände. Ⓢ

*Mayerling – Synonym für eine
Katastrophe im Kaiserhaus*

*Ägyptisches Klassenzimmer in
Bernsteins Hauptschule, ...*

*... für den höchst anschaulichen
Kunstunterricht*

Seite
77

*Im klassizistischen Stil: das
Thermalbad von Bad Vöslau*

Route 9

Bei den Erfindern der Sommerfrische

Wien – *Wiener Neustadt – *Naturpark Hohe Wand – *Puchberg am Schneeberg – *Reichenau an der Rax – Semmering (174 km)

Schneeberg, Rax oder Semmering nannten vor 100 Jahren in Wien Herr und Dame von Welt, wenn sie gefragt wurden, wo sie denn dieses Jahr geruhten, der Hitze der Stadt zu entfliehen. Welchen Geschmack man damit bewies, lässt sich heute nicht einmal mit Vergleichen wie St. Tropez beschreiben, wusste doch selbst der Kaiser die einmalige Landschaft der schroffen Felsen und unersättlich grünen Wälder und Wiesen vor den Toren seiner Stadt zu schätzen. Feudale Villen und Hotelanlagen zeugen heute noch vom Glanz, der sich hier zur Jahrhundertwende ausbreitete.

Die High Society von damals ist zwar mit dem Ersten Weltkrieg untergegangen, Erholung und Regeneration stehen hier aber nach wie vor an erster Stelle des touristischen Angebots. In zwei bis drei Tagen bekommt man schon einen guten Eindruck.

*Wiener Neustadt

„Nova civitas" hieß die Befestigung, die der Babenberger Leopold V. 1149 in der Ebene des Steinfeldes südlich von Wien erbauen ließ. Damals gehörte das Gebiet noch zur Steiermark, heute liegt Wiener Neustadt (37 400 Einw., 54 km) am Eingangstor zu Niederösterreichs alpinen Erholungszentren. Einerseits im Schatten der Metropole, andererseits überstrahlt von der Anziehungskraft der traditionellen Sommer-

frischen, ruht die Stadt im touristischen Niemandsland. Welche Überraschung aber, wenn man durch die Fußgängerzone der Altstadt bummelt! In den engen Gassen und gotischen Laubengängen am Stadtplatz lässt es sich wunderbar einkaufen, wenn man es nicht vorzieht, in einem der Straßencafés die heitere Atmosphäre zu genießen. 1277 erhielt die befestigte Siedlung das Stadtrecht. Aus demselben Jahrhundert stammt die viertürmige Burganlage. Der „letzte Ritter", Maximilian I., in Wiener Neustadt geboren, wählte die **St.-Georgs-Kirche** als Grabstätte.

Richtung Puchberg

Die „Neue Stadt" der Babenberger lag einige Kilometer weiter westlich: am südlichsten Ausläufer der Thermenlinie, wo bereits die Römer das milde Klima und die heilenden Kräfte des Wassers von **Bad Fischau** (2600 Einw., 61 km) genossen hatten. Das *Thermalbad*, 1900 errichtet, ist heute noch die Hauptattraktion des Kurortes. Den Ursprüngen der mineralhaltigen Quellen kann bei Führungen in bis zu 75 m Tiefe auf den Grund gegangen werden (☉ Mai–Oktober 1. und 3. Wochenende im Monat Sa 13–17, So 10–17 Uhr). Wenige Kilometer westwärts beginnt eine andere Welt. Der markante Rücken der *Hohen Wand* mit seinen schroffen Abbrüchen lockt nicht nur Naturfreunde an. Jedes Jahr trifft Winnetou im Steinbruch des kleinen **Winzendorf**

9

Seite
77

(1700 Einw.) seinen Blutsbruder Old Shatterhand, um allerlei Bösewichtern Mores zu lehren (s. S. 82).

Gleich neben den Kletterern, die sich für die direkte Linie auf das Hochplateau entschieden haben, schlängelt sich eine Bergstraße hart am Felsen empor, bringt die Drachenflieger und Paragleiter an ihre Abflugrampen oder Wanderer in den *Naturpark Hohe Wand (71 km). Ein 24 m hoher Aussichtsturm gewährt an klaren Tagen uneingeschränkten Weitblick. Reizvolle Wanderwege, als abwechslungsreiche Lehrpfade angelegt, zeigen kleine naturkundliche Attraktionen.

Am Hauptplatz steht das Rathaus von Wiener Neustadt

*Puchberg

Wer sich Richtung Südwesten wendet, steht bald am Fuß der höchsten Erhebung Niederösterreichs, in Puchberg am Schneeberg (2900 Einw., 90 km). Trotz seiner Abgeschiedenheit war der Kurort bereits im 19. Jh. Ausgangspunkt für Touren auf den Gipfel. Kaiser Franz I. bestieg ihn 1805, Franz Joseph wählte 1902 einen bequemeren Weg: die 1897 eröffnete **Zahnradbahn.** In einer guten Stunde überwindet die Lokomotive bedächtig, aber sicher mehr als 1200 Höhenmeter und hält in 1800 Metern am höchsten Bahnhof Österreichs. Zum **Klosterwappen** (2075 m) führt ein markierter Wanderweg (3–5 Std. einfach).

Eine wunderbare Aussicht genießt man vom Schneeberg, ...

 Kurverwaltung, Sticklergasse 3, ☎ (0 26 36) 22 01, 🖨 22 56 12.

 Schneeberghof, Wiener Neustädter Str. 24, ☎ 35 00, 🖨 32 33. Komfortables Vier-Sterne-Hotel mit speziellen Angeboten für Tennisspieler. $

Brucknerhof, Schneebergstr. 23, ☎ 23 15. Schöne Lage mit Blick ins Grüne. $

Landhaus Puchbergerhof, 2734 Puchberg, ☎ 22 78, 🖨 2 27 85. Die Pen-

... hinauf gelangt man bequem mit der Zahnradbahn

9

Seite 77

Wildwest in Winzendorf

Jawohl, Winzendorf. Nie gehört? Schade, denn kaum sonstwo breitet sich das Karl-May-Fieber alljährlich zwischen Juli und September so intensiv aus. Der 1700-Seelen-Ort am Rand der Hohen Wand hat außergewöhnlich weitblickende Gemeindeväter. 1993 kauften sie eine der ausgebeuteten Kalksteinbruch am Ortsrand auf, um eine Bauschuttdeponie zu verhindern, und stellten ihn dem Verein Westernwelt Winzendorf zur Verfügung. Dieser verwandelte das öde Gelände in kürzester Zeit in eine der schönsten Naturbühnen Mitteleuropas: 100 m breit, mit Felswänden, Schluchten und Plateaus. Davor breitet sich stufenförmig eine Tribüne mit 2000 Sitzplätzen aus, zu betreten durch eine originalgetreue Westernstadt, in der zwar Langosch statt Speck und Bohnen serviert werden, aber das reduziert das Westernfeeling nicht im mindesten, sorgen doch spontane Kurzinszenierungen von Revolverhelden und Bardamen dafür, dass die Atmosphäre im Bereich der Fiktion bleibt.

Unter wechselnder Regie reiten Winnetou und Old Shatterhand Jahr um Jahr für Frieden und Gerechtigkeit, und trotzdem sind sie nicht die eigentlichen Stars der Karl-May-Spiele. Längst hat sich zum Beispiel der Westmann Will Parker (Christian Novak) in die Herzen der Kinder geblödelt, längst gibt es jenseits der eigentlichen Handlung ein Nebengeschehen, zeigen die berittenen Indianer und Weißen, was sie zu Pferde können. Was da etwa von Josef Schützenhofer an wilden Stunts geboten wird, reißt die Zuschauer spontan zu Szenenapplaus hin. Erbitterte Kämpfe breiten sich von der Bühne in den Zuschauerraum aus, zwischen aufgeregt zappelnden Kindern schleichen Indianer heran, um das Böse in einem finalen Akt zu besiegen. Ist dann der letzte Schuss gefallen, ist Winzendorfs Westernwelt wieder in Ordnung. Und die Chancen stehen gut, dass es so bleibt. Denn nachdem die fast legendären Hauptdarsteller der ersten Jahre, Peter Görlach und Heinz Ilesic, zurückgetreten sind, reitet bereits die zweite Schauspielergeneration in Winzendorf. 1999 übernahm der Popsänger Hansi „Waterloo" Kreuzmayer von „Waterloo & Robinson" den Federschmuck des Apachenhäuptlings in der Inszenierung von „Winnetou und Old Surehand", für das Hannes Graf das Textbuch schrieb und Jean-Jacques Pascal Regie führte. Was das Jahr 2000 bringen wird? Man darf gespannt sein …

Informationen über genaue Termine und Preise bei Karl-May-Spiele Winzendorf, Kalkmetzen 51, 2722 Winzendorf, ☎ (0 26 38) 2 31 68, 🖷 2 27 06.

---

sion hat sich besonders auf Radfahrer eingerichtet, die von hier aus u. a. den Schneeberg umrunden können. Ⓢ

 Konditorei Szabo, im Kurpark. Über 150 Kunstwerke aus Zucker und Schokolade.

 Auf dem Weg ins nächste Tal, gelegen zwischen Schneeberg und Raxalpe, lohnt es sich, einen kleiner Umweg zu machen. In **Prigglitz** (500 Einw., 119 km) versucht auf dem Gut Gasteil das Künstlerehepaar Seidl einen Dialog zwischen Kunst und Natur in Gang zu bringen: „Kunst in der Landschaft" präsentiert Objekte internationaler Künstler (◷ Mai–Dez. Sa, So, Fei 10–18 Uhr; Dauer des Spaziergangs ca. 1,5 Std. ☎ 0 26 62/4 56 33).

* Reichenau

Payerbach und schließlich Reichenau (3100 Einw., 134 km) sind die beiden Ausgangspunkte für Ausflüge im Gebiet um die Raxalpe. Als das Kaiserhaus Mitte des 19. Jh. dem Ort mit seiner Anwesenheit das Prädikat k.u.k. Sommerfrische verlieh, war der Sprung in eine neue Zeit getan. Wiens High Society, Künstler und Intellektuelle trafen sich in dem kleinen Ort, der im Sommer zum gesellschaftlichen Mittelpunkt erblühte. Die Villenarchitektur und auch das Kurtheater reflektieren immer noch einstigen Glanz, das Festival „Kunst und Künstler in Reichenau" holt heute wieder Stars der Wiener Bühnen an sein Sommertheater.

 Tourismusbüro, Hauptstr. 63, ☎ (0 26 66) 5 28 65, 📠 5 42 66.

 Marienhof, Hauptstr. 71–73, ☎ 5 29 95, 📠 52 99 55 80. Im Park gelegen, Flair der Jahrhundertwende. Ⓢ

 Preinerhof „Kräuterwirt", ☎ und 📠 (0 26 65) 7 56. Köstlichkeiten aus regionalen Naturprodukten. Ⓢ

Alpenhof Kreuzberg „Loos-Haus", Kreuzberg 60, 2650 Payerbach, ☎ (0 26 66) 5 29 11, 📠 5 26 70. Entworfen vom Wiener Jugendstilarchitekten Adolf Loos. Ausgezeichnete Küche, - Reservierung im Restaurant empfohlen Ⓢ

Zum Semmering

Taleinwärts liegt kurz nach *Hirschwang* die Talstation der Raxseilbahn. Österreichs älteste Personenseilbahn (erbaut 1926) legt in einer zehnminütigen Fahrt mehr als 1000 Höhenmeter zurück. Alle 30 Minuten schwebt eine Gondel aufs Hochplateau, das einen grandiosen Panoramablick, aber auch kurze und längere Wanderwege eröffnet, etwa zum Otto-Haus (30 Min.). Ein Hochgenuss ist auch die Fahrt durch das **Höllental,** jenen Abschnitt, in dem sich die Schwarza zwischen den steil emporragenden Massiven von Schnee-

Winnetou in Winzendorf, Manitou um Beistand bittend

Bergbauernidyll im Schneeberggebiet

Luxushotel aus den Anfängen der Sommerfrische: Hotel Panhans

9

Seite **77**

berg und Rax ihren Weg bahnt. In **Kaiserbrunn** kann die Quelle besichtigt werden, die Karl VI. 1732 bei der Jagd entdeckte; seitdem ließ er den Hof mit diesem vortrefflichen Wasser beliefern. 1864 demokratisierte – auch wenn ihm dieser Begriff nie in den Mund gekommen wäre – Franz Joseph das köstliche Nass sozusagen, indem er es der Gemeinde Wien schenkte. Bis heute bringt die Hochquellen-Wasserleitung Gebirgswasser in die Wasserhähne der Hauptstadt.

Auf den Semmering

Gut Acht geben heißt es außerhalb von Reichenau, will man die schmale, kurvenreiche Straße ins dritte Zentrum der Sommerfrischenregion erwischen, auf den Semmering. Mit seinen feudalen Hotelanlagen und Villen hat er etwas von einem Zauberberg. Manchmal sieht man von Ferne die in den Fels gebauten Galerien, manchmal führt die Straße direkt unter einem Viadukt der **Semmeringbahn** vorbei. Die erste Gebirgsbahn Europas bringt seit 1854 Sommergäste in das 950 m hoch gelegene **Semmering** (750 Einw., 174 km). Sigmund Freud und Oskar Kokoschka genossen die erfrischende Höhenluft, Erzherzog Karl unternahm hier seine ersten Skilaufversuche. Heute kommen namenlose Gäste im Sommer zum Wandern und Golfen, im Winter zum Pisten- und Langlaufvergnügen.

 Kurverwaltung, 2680 Semmering 32d, ☏ (0 26 64) 2 53 95, 🖷 2 53 96.

 Hotel Panhans, Hochstr. 32b, ☏ 81 81, 🖷 8 18 15 13. Luxushotel mit 100-jähriger Geschichte, seit 1994 renoviert und mit allen Finessen ausgestattet. ⑤⟩⟩
Hotel Wagner, Semmering 267, ☏ 25 12, 🖷 25 12 61. Familiäre Atmosphäre, empfehlenswerte Küche und Ausstattung mit Bio-Möbeln. ⑤
Pension Daheim, Semmering 136, ☏ 23 81. Im Stil der Jahrhundertwende, mitten im Wald gelegen. ⑤

9
Seite 77

Route 10

Lustschlösser am Urwaldrand

Wien – ** Nationalpark Donau-Auen – ** Petronell-Carnuntum – Dürnkrut – Wien (170 km)

Stilles Grenzland im Osten zwischen Donau und March, unberührte Flusslandschaften mit einer Tier- und Pflanzenwelt von seltener Vielfalt – würde man da nicht ein unbeschriebenes Blatt erwarten? Doch nein, ein kleines Geschichtsbuch schlägt sich auf, kaum dass man Wien verlassen hat. Römerstadt Carnuntum, Schlachtfeld bei Dürnkrut, wo die Ära der Habsburger begann, Schloss Eckartsau, von wo aus Kaiser Karl I. 1919 Österreich verließ – die Kapitel handeln von Hochs und Tiefs zwischen den Jahrhunderten. Illustre Zeugen geben Einblick in gute Zeiten, barocke Jagdschlösser etwa, die sich der Adel im Marchfeld errichten ließ. Das Programm ist dicht genug für einen abwechslungsreichen Tagesausflug.

Wiens Gemüsegarten beginnt in *Groß-Enzersdorf*. Enorme Gemüseflächen bestimmen im Marchfeld das Landschaftsbild. March, Donau und die Hügel des Weinviertels begrenzen diese Ebene, in der fruchtbare Böden und ein regenarmes Klima Grünzeug aller Art prächtig gedeihen lassen. Der Frühling ist die beste Reisezeit, um sich dem berühmten Marchfelder Spargel in allen Varianten hinzugeben.

Orth an der Donau

Nicht nur für Spargel, sondern auch für seine Fischspezialitäten ist Orth a. d. Donau (1800 Einw., 29 km) bekannt. Die Geschichte des kleinen Marktes

10

Seite 77

reicht ins frühe Mittelalter zurück, das viertürmige **Wasserschloss** zeugt von einstiger Bedeutung. Heute sind hier Museen untergebracht, die sich der Donau und der Fischerei widmen.

 Restaurant Massinger, Am Markt 7, ☎ (0 22 12) 22 48, Di geschl. Spargel im Mai und Juni, das übrige Jahr Fisch- und Truthahnspezialitäten. $-$

Uferhaus, Uferstraße 20, kein ☎, Mi geschl. Fischspezialitäten, u.a. Serbischer Karpfen mit Knoblauch. $

An den Donau-Auen

Am Eingang zu den Donau-Auen stand schon im 12. Jh. eine Burg, ehe mit **Schloss Eckartsau** um 1730 ein reprä-

Meister Adebar im Naturreservat Marchauen bei Marchegg

Stilles Paradies Donau-Auen

Das Wasser – strömend oder reißend, dann wieder stehend oder in einer Flut – verändert die Au ohne Unterlass. Inseln verschwinden und entstehen, kleine Flussbette vertrocknen, Nebenarme verlieren die Verbindung zum Hauptfluss und werden zu stehenden Tümpeln, in dem sich vielfältiges Leben neu entfaltet. Günstiger könnten die Voraussetzungen für den unvergleichlichen Artenreichtum der Donau-Auen nicht sein. Der ständige Wandel schafft unentwegt neue Lebensbedingungen für Pflanzen und Tiere. Wie schnell sich die Umstände ändern, entscheidet die Natur allein. Der Mensch hält sich heraus und gestattet damit, dass Seerosen blühende Decken über die Wasseroberfläche ziehen, dass der Flussregenpfeifer oder die Sumpfschildkröte ihre Brutstätten an den Flussufern finden und der Biber seine Wohnhöhlen graben kann.

Das funktionierende Öko-System in den Donau-Auen war jedoch mehrmals in ernster Gefahr. Donauregulierung, Jagd und Fischfang bewirkten erhebliche Veränderungen. An den Lebensnerv ging es der Au 1984, als Bautrupps mit Rodungen für das Kraftwerk Hainburg begannen. Was danach geschah, gehört zu den großen Erfolgen der Naturschutzbewegung. Ihre Anhänger besetzten die Auen und hinderten die Maschinen an ihrer Arbeit. Gerettet war die Au damit zwar noch lange nicht, aber eine lebhafte Diskussion erfasste ganz Österreich, und die Bevölkerung engagierte sich mit Verve. Eine Spendenaktion brachte so viel Geld, dass ein riesiges Areal freigekauft werden konnte. Danach vergingen weitere sechs Jahre, bis 1996 eine Fläche von 9300 ha zwischen Wien und Bratislava als Nationalpark anerkannt wurde. Über 100 Brutvogel- und 50 Fischarten sowie mehr als 600 Farn- und Blütenpflanzenarten sind damit erhalten.

Exkursionen: Forstverwaltung Eckartsau, ☎ (0 22 14) 22 40; Forsthaus Stopfenreuth, ☎ (0 22 14) 22 32, ☐ 2 23 24; Nationalpark-Institut Donau-Auen (Erkundungen per Boot), ☎ (01) 5 23 64 78 21, ☐ 5 23 49 10.

Marchfelder Schlösserstraße

So haben die Tourismusexperten ein Netz von Wegen genannt, um die hohe Konzentration von herrschaftlichen Bauten in dieser Region zu unterstreichen.

sentativer Barockbau mit Fresken von Daniel Gran und Skulpturen von Lorenzo Matielli errichtet wurde. Traditionsgemäß gehörte das Jagdschloss samt seinem Revier dem jeweiligen Thronfolger. Franz Ferdinand ließ seinen Jagdsitz noch einmal umbauen, bevor hier wenige Jahre später die Geschichte der Habsburger zu Ende ging. Nachdem Kaiser Karl I. am 11. 11. 1918 auf den Thron verzichtet hatte, verbrachte er noch vier Monate in Eckartsau. Dann ging er ins Exil nach Madeira und kehrte nicht wieder zurück. Heute ist im noblen Gemäuer die Forstverwaltung untergebracht (Führungen April–Okt. Sa, So, Fei 11, 14 Uhr), die ebenso wie das Forsthaus Stopfenreuth von Experten betreute Wanderungen zu den Geheimnissen der einzigartigen Flusslandschaft des **Nationalparks Donau-Auen** (s. S. 85) organisiert.

Carnuntum

Südlich der Donau trifft man bei **Bad Deutsch-Altenburg** (1400 Einw., 53 km) auf die ersten Spuren der Römer. An den Jod-Schwefel-Quellen errichteten sie vor 2000 Jahren die ersten Badeanlagen. Das *Archäologische Museum*, im römischen Stil errichtet, stimmt mit seinen über 3000 Exponaten auf Kultur und Lebensgewohnheiten in der Römerstadt ein, die in ihrer Blütezeit als Hauptstadt der Provinz Oberpannonien um die 50 000 Einwohner zählte.

Mitteleuropas bedeutendste Römerausgrabungen liegen bei **Petronell-Carnuntum** (1200 Einw.). Carnuntums

Geschichte begann im 1. Jh. Zunächst war es nur ein Winterlager, doch als die Römer sich gezwungen sahen, den Limes entlang der Donau stärker zu befestigen, um die Nordgrenze gegen die Germanen zu sichern, begann ein rascher Aufstieg. Hadrian verlieh Carnuntum das Stadtrecht, Marc Aurel zog von hier aus gegen die Markomannen in den Krieg. Das Wahrzeichen der Ausgrabungsstadt, das am südwestlichen Stadtrand einsam im Feld stehende *Heidentor,* geht vermutlich auf die Ära Diokletians zurück. Das Zentrum der Siedlung, das Legionslager, liegt ebenfalls im freien Gelände zwischen Petronell und Bad Deutsch-Altenburg. Über das Informationszentrum im Ort Petronell selbst betritt man das Areal der zivilen Wohnstadt, in der an den freigelegten Fundamenten ein hoher Lebensstandard abzulesen ist.

 Gemeindeamt, Kirchengasse 57, 2404 Petronell Carnuntum, ☎ (0 21 63) 22 28, 🖷 27 55. Archäologischer Park Carnuntum, Hauptstr. 296, ☎ 3 37 70, 🖷 3 37 75.

 Hotel Marc Aurel, Hauptstr. 173, ☎ 22 85, 🖷 22 85 60. Auch für Radfahrer gerüsteter Familienbetrieb mit gutbürgerlicher Küche. Ⓢ

 Ein Tipp für Weinfreunde: Donauland/Carnuntum ist das vielleicht unbekannteste Weinbaugebiet Österreichs. Was für ein Unrecht! Schauen Sie im **Weingut Robert Payr** im nur 10 km entfernten Höflein vorbei. Seine trocken ausgebauten Eigenbaine lassen sich höchst angenehm verkosten. Und wer glaubt, dass hier keine hervorragenden Roten wachsen, probiere sich durch die Palette von Blauburger bis Cabernet Sauvignon. (◷ Mo–Fr 10–18, Sa 8–14 Uhr, anmelden unter ☎ und 🖷 0 21 62/6 23 56.)

Das Heidentor bei Petronell

10

Seite
77

Niederweiden und Schlosshof

Lange Zeit dominierten mächtige Festungen das Grenzland an der March. Erst Anfang des 18. Jhs. war die Region so weit befriedet, dass sich der Adel zierliche Barockschlösser errichten lassen konnte. Den Anfang machte Graf Starhemberg, der sich 1693/94 von Johann Bernhard Fischer von Erlach * Schloss Niederweiden gestalten ließ. Nur wenige Kilometer weiter entstand 1725 bis 1729 das noch prunkvollere * Schloss Schlosshof. Prinz Eugen von Savoyen beauftragte Lukas von Hildebrandt, ein Refugium auf dem Land zu entwerfen, aus dem schließlich ein barockes Gesamtkunstwerk wurde. Die wertvolle Einrichtung Prinz Eugens ist längst nicht mehr zu bestaunen, doch sind die barocken Schlossanlagen immer wieder Rahmen für Ausstellungen zur Geschichte der Habsburger.

 Vinothek Niederweiden, am Schlosseingang, ◷ nur während der Ausstellungen, die derzeit unregelmäßig stattfinden. Weinviertler Weine zum Kosten und Mitnehmen.

Über Dürnkrut zurück nach Wien

Die Befestigungen von **Marchegg** (2900 Einw., 86 km) gehen auf den Böhmenkönig Ottokar II. zurück, der 1268 die Stadt gründete. Reste von Wienertor und Ungartor sind noch erhalten, einige Räume des Schlosses werden heute als Museum *(Niederösterreichisches Jagd-, Afrikamuseum)* genutzt. Dahinter nehmen fliegende Sommergäste ihr Quartier. 1996 waren es sogar 60 Storchenpaare, die im *Naturreservat Marchauen* ihre Nester bauten, in der zweitgrößten Storchenkolonie der Welt.

Entlang der March-Auwälder führt die Fahrt nach Norden ins südliche Weinviertel bis **Dürnkrut** und **Jedenspeigen**

Das große Finale

Jahrelang ließ der Prinz Joseph Friedrich, Mitte des 18. Jhs. Besitzer der Schlösser Niederweiden und Schlosshof, rauschende Sommerfeste steigen, bis ihn die Verschuldung in einem finalen Akt der Verzweiflung 1754 zum Fest der Feste zwang: 20 exquisite Tafeln, Oper und Theater in beiden Schlössern, eine riesige Jagd, Wasserballett und Feuerwerke verfehlten ihre Wirkung nicht: Dem Prinzen gelang es, Maria Theresia und Gemahl zum Kauf der beiden Schlösser zu bewegen.

(2300 bzw. 1100 Einw., 116 km), zwei entlegene Dörfer an der Grenze, sie jedoch in jedem Geschichtsbuch zu finden sind. Die Schlacht, die Rudolf I. hier 1278 gegen den Böhmenkönig Ottokar II. gewann, bedeutete die Entscheidung über den Besitz von Österreich, Steiermark, Kärnten und Krein und den Beginn der Ära Habsburg. Ein Gedenkstein an der Straße zwischen beiden Orten und eine Dokumentation auf *Schloss Jedenspeigen* (◷ Mai–Okt. Sa, So, Fei 10–17 Uhr) erinnern an das historische Ereignis. Eindrucksvoll ist auch der Ausblick: nach Osten weit in die Slowakei, nach Westen über die Felder, die sich in sanften Wellen über die weite Hügellandschaft legen.

Tipp Auf der Rückfahrt nach Wien ein Hauch von Exotik: Im **Safari– und Abenteuerpark Gänserndorf** spazieren auf einem Areal von 68 ha plötzlich Elefanten, Tiger und andere Exoten durch ein Gehege, das mit dem Auto durchquert werden kann. Ein tierisches Vergnügungsprogramm rundet die Fotosafari ab (◷ Ende März–Okt. Mo–Fr 9.30–15.30, Sa, So 9–16 Uhr).

 Landhaus Böckl, Franz-Mair-Str. 5–7, Deutsch-Wagram, ☎ (0 22 47) 24 38. Feine Küche, Fruchtsäfte, Liköre und Edelbrände aus der eigenen Destillerie. ⓢ

Route 11

Geheimnisse der Kellergassen

Wien – ** Klosterneuburg – * Retz – Laa/Thaya – * Falkenstein – * Poysdorf – Kreuttal – Wien (260 km)

Der Wein spielt eine stille Melodie im Hintergrund dieser Route, die zwei völlig verschiedene Themen charakterisieren. Kunsthistorische Schätze bringen in den einstigen Residenzstädten Klosterneuburg und Tulln eine Welt des Prunks und der Macht zum Leuchten. Dann ein großer Sprung bis Retz, wie in einen anderen Erdteil: verschlafenes, scheinbar vergessenes Grenzland, dessen Lebensgeister seit Jahrhunderten von den spritzigen Weinviertler Weißweinen wach gehalten werden. Passen Sie sich dem Tempo an, wenn Sie mittelalterliche Städte, sanfte Hügellandschaft und einige der rund 800 Kellergassen wahrhaft genießen wollen. Drei Tage Zeit sind doch keine Verschwendung!

In der Schlacht bei Dürnkrut und Jedenspeigen begann 1278 der Aufstieg des Hauses Habsburg

Schloss Marchegg, in dem das Afrikamuseum besonders sehenswerte Exponate ausstellt

** Klosterneuburg

Wer sich Klosterneuburg auf der kopfsteingepflasterten Höhenstraße von Grinzing über die Weinfelder des Kahlenberges nähert, berührt den Klosterneuburger Ortsteil *Weidling*, wo in der **Sammlung Essl** österreichische Malerei nach 1945 ausgestellt ist (☾ Mo–Fr 8–18 Uhr).

Die Geschichte von Klosterneuburg (24 000 Einw., 14 km) begann nicht erst im hohen Mittelalter, als der Babenberger Markgraf Leopold III. seine Resi-

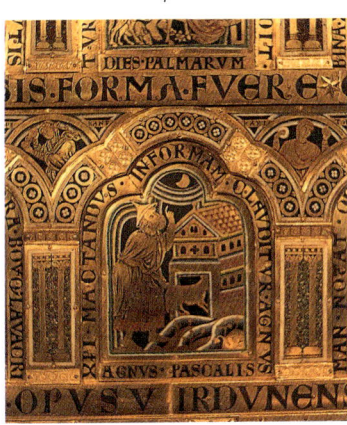

Der Verduner Altar von 1181 ist die größte Kostbarkeit des Stiftes Klosterneuburg

denz von Tulln hierher verlegte. Schon die Römer bauten ein Kastell zur Sicherung der Donaugrenze. Auf seinem Awarenfeldzug gründete Karl der Große im 8. Jh. die **Kirche St. Martin,** die sich in der heutigen Unterstadt befindet. Anfang des 12. Jhs. ließ sich Leopold auf den Fundamenten des Kastells römischen Ursprungs einen Herrschaftssitz errichten. Der Legende nach soll der Markgraf 1113 das **Augustiner-Chorherrenstift** genau an der Stelle begründet haben, wo er den Schleier seiner Gemahlin Agnes wiederfand, den neun Jahre zuvor der Wind vom Wiener Leopoldsberg davongetragen hatte.

Im Zuge der Barockisierung plante Karl VI., nach spanischem Vorbild ein Escorial an der Donau entstehen zu lassen. Doch er verstarb, lange bevor die Anlage Kontur annahm. So kam 100 Jahre später nur eine um drei Viertel reduzierte Version zum Abschluss. Basilika und Stift darf man nur im Rahmen einer Führung betreten. Die größte Kostbarkeit des Inventars: Der aus 51 Bibeldarstellungen auf emaillierten und vergoldeten Tafeln bestehende **Verduner Altar** aus dem Jahr 1181. Er überragt selbst die größte **Stiftsbibliothek** Österreichs mit 160 000 Bänden.

 Buschenschank Nierscher, Weidlinger Hauptstr. 191, ☎ (0 22 43) 3 39 33. Ein Heuriger, der alle Trümpfe ausspielt: gutes Büfett, gute Weine in schöner Lage. ◷ April–Aug. Di–Fr 15–24, Sa ab 14, So ab 12 Uhr, Sept. und Okt. Do–So, im Winter nur Sa, So. ⑤

Tulln

Ehe Klosterneuburg zum kulturellen Mittelpunkt avancierte, galt die Pfalz Tulln als reges Zentrum an der Donau. Die Altstadt von Tulln (13 000 Einw., 35 km) dokumentiert noch sehr gut die einzelnen Etappen der Stadtgeschichte. Der **Römerturm,** ein zur Gänze erhaltener Bau des Lagers Comagenis, entstand um 360. Die **Stadtpfarrkirche St. Stephan** kann einen Stiftungsbrief aus dem Jahr 1014 vorweisen. Besonders schön ist das mit Darstellungen der 12 Apostel geschmückte romanische Portal an der Westfassade, der kunsthistorisch interessantere Bau ist allerdings der spätromanische **Karner** mit seinem beispielhaften Trichterportal.

An der Donaulände wurde dem Maler Egon Schiele ein **Museum** gewidmet, der 1890 im Tullner Bahnhofsgebäude

Schöne neue Künste

New York, 1959. In der Zabriskie Gallery lernt Karlheinz Essl seine spätere Frau Agnes Schömer kennen – und zugleich wird seine Leidenschaft für zeitgenössische Kunst geweckt. 1976 übernahm er das Baustoffunternehmen seines Schwiegervaters und ging gleichzeitig daran, systematisch österreichische Malerei nach 1945 anzukaufen. Mitte der achtziger Jahre war das private Sammelsurium unüberschaubar geworden. Ein Museumskonzept musste her. Die Sammlung Essl dokumentiert seither die wichtigsten Tendenzen in der Malerei seit 1945 und versucht auch die Entwicklung der einzelnen Künstler aufzuzeigen. Vom Altmeister Max Weiler über die informelle Malerei, die Wiener Aktionisten wie die fantastischen Realisten bis zu den Neuen Wilden spannt sich der Bogen. Der aktuelle Stand liegt bei über 4000 Arbeiten, und längst haben sich auch fotografische Werke, Videokunst und Skulpturen, ja zusätzlich hochqualitative europäische und amerikanische Kunst in der Sammlung eingefunden. Gezeigt wird sie in den mehrgeschossigen offenen Galerien des Schömer-Hauses und im neuen, auch architektonisch ansprechenden Kunsthaus, das in unmittelbarer Nachbarschaft entstand.

11

Seite
77

zur Welt kam. Zum 100. Geburtstag baute man das ehemalige Bezirksgefängnis um und zeigt dort Arbeiten und Dokumente zum Leben des Künstlers. Passend ist der Ort allemal, wie auch die nachgebaute Gefängniszelle verdeutlicht: 1912 war Schiele wegen seiner „sittlich bedenklichen" Zeichnungen mehrere Wochen inhaftiert.

 Tourismusverband Tullner Donauraum, Minoritenplatz 2, ☎ (0 22 72) 6 58 36, 🖷 6 58 38.

 Zur Sonne, Bahnhofstr. 48, ☎ 6 46 16. Veredelte Hausmannskost mit Produkten aus der Region. Ⓢ
Gasthaus zum lustigen Bauer, Kirchplatz 1, 3424 Zeiselmauer, ☎ (0 22 42) 7 04 24. Im ehemaligen Passauer Bischofssitz. Kleine, aber feine Speisekarte. Ⓢ

*Retz

Jenseits der Donau beginnt das *Weinviertel,* das seine Reize vor allem entlang der nördlichen Grenze voll entfaltet. Deshalb ein Sprung nach Norden bis Retz (4200 Einw., 88 km). Die Ende des 13. Jhs. gegründete Stadt gelangte dank eines Weinhandelsprivilegs zu Wohlstand, der sich bis heute an den Fassaden des Stadtplatzes ablesen lässt. Das Wahrzeichen der Stadt blickt vom Kalvarienberg hinab: eine betriebsfähige **Windmühle** von 1722. Nicht nur Spaziergänger, für die ein Weinwanderweg angelegt wurde, auch Radfahrer finden um Retz auf einer Reihe von Themen-Radwegen ideale Bedingungen.

 Tourismusverein, Hauptpl. 30, ☎ / 🖷 (0 29 42) 27 00.

 Althof Retz, Althofgasse 14, ☎ 37 11, 🖷 37 11 55. Stilvoll revitalisierter Gutshofs. Ⓢ

Der spätromanische Karner von Tulln

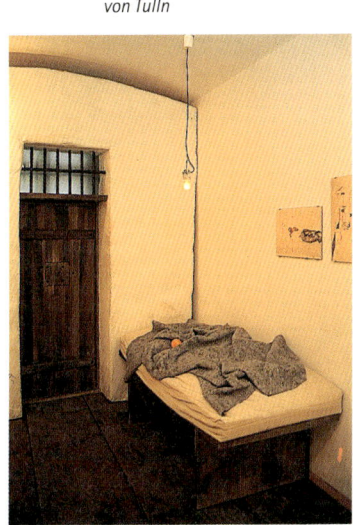

Nachbau der Gefängniszelle, in der Egon Schiele inhaftiert war

Verführung Tür an Tür: die Kellergasse in Hadres

11

Seite
77

Kellerlabyrinth

Das in mehreren Etagen angelegte unterirdische Kellersystem von Retz ist größer als das gesamte Straßen- und Gassennetz. Wer die tieferen Schichten in Österreichs größtem Weinkeller kennen lernen möchte, sollte gut zu Fuß sein (Führungen: ⏲ Mai–Okt. tgl. 10.30, 14, 16 Uhr, März, April, Nov. tgl. 14 Uhr).

Grenznahe Weinorte

Kellergassen (Straßen, in denen sich ein Weinkeller an den anderen reiht) gibt es im Weinviertel zuhauf. **Hadres** verfügt über eine besonders lange. So erscheint einem **Laa a. d. Thaya** (6100 Einw., 129 km) fast schon wie eine Enklave. Denn hier steht mit dem *Hubertusbräu* aus dem Jahr 1454 nicht nur die einzige Brauerei der Region, in der mittelalterlichen Burg widmet sich auch ein *Biermuseum* der Verarbeitung von Hopfen und Malz. Die 1240 zur Stadt erhobene Siedlung hatte stets eine wichtige strategische Position inne. Rudolf von Habsburgs Sieg über Ottokar II. 1278 ist Laa ebenso zu verdanken wie dem westlich gelegenen Drosendorf. Beide Städte hielten Ottokar so lange auf, bis der Habsburger sein Heer zur Schlacht formiert hatte.

Noch weiter zurück reicht die Geschichte von *Falkenstein (500 Einw., 145 km), wie die Ruine, datiert auf 1050, bezeugt. Alt ist auch die Tradition des Weinbaus. *Weinlehrpfad* und *Kellermuseum* vermitteln jede Menge Wissenswertes, einzigartig ist die von pastellfarbenen Fassaden gesäumte *Kellergasse*. Ein Blinzeln in der Nachmittagssonne, ein Nippen an kleinen Kostproben – reiner Genuss!

Ob intensive Weinverkostungen die Gedankenproduktion bis zur Entstehung von Unsinn anregen, ist nicht erwiesen. Ein Indiz dafür gibt es: In der größten Weinbaugemeinde des Weinviertels, in **Herrenbaumgarten** (1050 Einw.), gründete sich ein Verein zur Verwertung von Gedankenüberschüssen, der in seinem *Nonseum* eine Ausstellung der unsinnigsten Erfindungen präsentiert (⏲ Sa, So, Fei 13 bis 18 Uhr).

Über Poysdorf nach Wien

Auch in *Poysdorf (5500 Einw., 159 km) zeugen die Fassaden vom Wohlstand erfolgreichen Weinbaus. Das *Museum* im ehemaligen Bürgerspital belegt mit verschiedenen Fundstücken eine Besiedlung in der Jungsteinzeit.

 Tipp An Sonn- und Feiertagen (Ostern–Okt. 16 Uhr) kutschiert ein Winzer auf einem Nostalgietraktor kostenlos durch Kellergassen und Weinberge und weiht in die Weingeheimnisse ein. Startpunkt ist der *Weinmarkt,* an dem die Produkte der Winzer verkostet werden können.

 Die kulinarische Ergänzung liefert der gleichzeitig stattfindende *Bauernmarkt.*

Von der B7 führt in südlicher Richtung eine Abzweigung zum **Freilichtmuseum Niedersulz.** Hier wurde ein Musterdorf aus der vorindustriellen Zeit nachgebaut (⏲ Palmsonntag-Allerheiligen Mo–Fr 10–16, Sa, So 10–18 Uhr). Generell liegen die kleinen Geheimnisse des Weinviertels nicht offen an den Hauptverkehrswegen, sondern reichlich verborgen. Das gilt auch für **Niederleis** am Rande der Leiser Berge, wo es zwar kaum etwas zu sehen, wohl aber etwas zu schmecken gibt:

Zum Goldenen Adler, 2116 Niederleis 20, ☎ (0 25 76) 70 10. Gemütliches Landgasthaus mit feiner Altwiener Küche. Ⓢ

Und noch einmal das Abseits. Das **Kreuttal** (232 km) gilt selbst unter Wienern als gut gehütete landschaftliche Empfehlung, ein Kleinod vor den Toren der Stadt.

Praktische Hinweise von A–Z

Ärztliche Versorgung

Um die kostenlose Behandlung in Krankenhäusern und bei Kassenärzten in Anspruch nehmen zu können, müssen sich gesetzlich Krankenversicherte vor Antritt der Reise bei ihrer Kasse das Formular E 111 besorgen. Diese Bescheinigung wird im Bedarfsfall bei der österreichischen Gebietskrankenkasse gegen einen Krankenschein eingelöst. Wer vor Antritt der Reise für deren Dauer eine (recht preisgünstige) Reisekrankenversicherung abschließt, hat freie Arzt- und Krankenhauswahl.

Bedienungs- und Trinkgelder

Zwar ist das Bedienungsgeld im Preis inbegriffen, aber bei aufmerksamem Service sind 10 % an Trinkgeld für den Kellner angemessen.

Behinderte

Über behindertengerechte Angebote informieren die Österreich-Werbung (s. S. 94) und die Österreichische Bundesbahn (s. S. 24).

Diplomatische Vertretungen

Botschaft der Bundesrepublik Deutschland, Metternichgasse 3, 1030 Wien, ☎ (01) 71 15 40, 🖷 7 13 83 66.

Schweizer Botschaft, Prinz-Eugen-Str. 7, 1030 Wien, ☎ (01) 7 95 05, 🖷 7 95 05 21.

Einkaufen

 Als Mitbringsel Nummer 1 aus Niederösterreich bietet sich ein edler Tropfen aus den Weinkellern an. Für eine Degustation beim Weinbauern ist es nötig, sich vorher telefonisch anzumelden. Einen guten Überblick über die gesamte Palette an Rebensäften einer Region bieten die Vinotheken, wie z. B. im Kloster Und bei Krems, im Ursin-Haus in Langenlois oder der Poysdorfer Weinmarkt. Die Traube ist jedoch nicht der einzige Grundstoff, der bei Obst- und Weinbauern verarbeitet wird. Von naturtrüben Obstsäften und Most bis zu hochprozentigen Wein- und Obstbränden reicht das Angebot. Kaltgepresste Öle, Honig, Marmeladen und feine Käseprodukte ergänzen das hochwertige kulinarische Spektrum vieler Biobauern.

Gmundner Keramik, klassisch grün geflammt oder mit dem typischen Streublumenmuster, gibt es neben dem Werkverkauf in Gmunden auch in vielen gut sortierten Geschirrhandlungen. Weniger bekannt ist die feiner gemaserte Hallstätter Keramik.

Populärster Gruß aus Linz ist die Linzer Torte, die in zahlreichen Konditoreien der Stadt nach dem Originalrezept gebacken wird. Textilien von den Flachssocken aus Rastenfeld, der Leinentischwäsche aus Haslach bis zur bodenständigen Designermode von natura linea in Gross-Siegharts sind typische Produkte aus den Regionen nördlich der Donau. Als Souvenirs von der oberösterreichischen Eisenstraße eignen sich Maultrommel aus Molln oder Taschenfeitel aus Trattenbach.

Einreise

Für die Einreise benötigen deutsche und Schweizer Staatsbürger für einen Aufenthalt bis zu drei Monaten nur einen gültigen Personalausweis. Grenzkontrollen an der deutsch-österreichischen Grenze gibt es keine, aber im grenznahen Bereich kann man durchaus nach dem Ausweis gefragt werden.

Geld und Währung

100 österreichische Schilling (öS, ATS = 100 Groschen) sind ca. 14 DM bzw. 12 sfr, 1 DM = ca. 7 öS, 1 Euro = 13,76

öS. Fast alle Städte und Gemeinden verfügen über Bankomaten, an denen man mit ec- oder Kreditkarte Geld abheben kann. Gängige Kreditkarten sind Visa, Eurocard und Diner´s Club.

Impfung

 Für Reisen in Niederösterreich wird eine Zeckenschutzimpfung empfohlen. Die kleinen Biester können FSME (Frühsommermeningitis, Hirnhautentzündung) und Borreliose übertragen, die Impfung schützt gegen FSME. Schützen Sie sich im Wald durch lange Hosen, langärmelige Hemden und eine Kopfbedeckung und achten Sie auf den Schutz Ihrer Kinder.

Information

Die *Österreich-Werbung* hält Informationsmaterial zu allen Themen rund um Urlaub, Freizeit und Sport bereit.

In Deutschland: Österreich-Werbung, Postfach 1231, 82019 Taufkirchen, ☎ (0 89) 66 67 01 00 (Ortstarif), 📠 66 67 02 00.

In der Schweiz: Österreich-Werbung, Zweierstr. 146, Postfach, 8036 Zürich, ☎ (01) 4 51 15 51, 📠 4 51 11 80.

Auch an die Tourismusorganisationen auf Länderebene kann man sich wenden: *Niederösterreich-Werbung,* Fischhof 3, 1010 Wien, ☎ (01) 5 36 10-0, 📠 5 36 10-60 62; *Oberösterreich-Info,* Schillerstr. 50, 4021 Linz, ☎ (07 32) 77 12 64, 📠 60 02 20.

Notruf

Polizei: ☎ 1 33
Feuerwehr: ☎ 1 22
Ambulanz, Notfall („Rettung"): ☎ 1 44
Pannendienst: ÖAMTC ☎ 1 20, ARBÖ ☎ 1 23.

Öffnungszeiten

Die Öffnungszeiten von *Geschäften* variieren zwischen 8 und 9 Uhr, geschlossen wird zwischen 18 und 19.30 Uhr. In den Städten ist i. A. mittags durchgehend geöffnet, in kleineren Gemeinden häufig eine Mittagspause von 12 bis 14 Uhr. Am ersten Samstag im Monat sind die Geschäfte bis 17 Uhr geöffnet.

Banken haben normalerweise von 8–12 und von 14–17 Uhr geöffnet, in Städten (auch Wien) schließen sie oft schon zwischen 14 und 15 Uhr.

Postämter: Mo–Fr 8–12, 14–18 Uhr, Hauptpostämter in größeren Städten haben durchgehend geöffnet.

Museen: Mit Ausnahme der Museen in größeren Städten sind sehr viele Sehenswürdigkeiten nur von Ostern bis Allerheiligen regelmäßig geöffnet. Es empfiehlt sich, vor dem Besuch telefonisch nachzufragen bzw. einen Besichtigungstermin zu vereinbaren.

Telefonieren

Vorwahlen: nach Österreich 00 43, von Österreich nach Deutschland 00 49, in die Schweiz 00 41. *Telefonauskunft:* ☎ 16 11 (für Nummern in Österreich), 16 12 (für Deutschland), 16 13 (für alle anderen europäischen Länder), 16 14 (für Außereuropa).

Zoll

Prinzipiell dürfen *Reisende aus EU-Ländern* für den Eigenbedarf unbegrenzt Waren ein- und ausführen. Für Tabak und Alkohol gelten jedoch weiterhin Richtmengen: 800 Zigaretten oder 400 Zigarillos oder 200 Zigarren oder 1 kg Rauchtabak, 10 Liter Spirituosen, 90 Liter Wein.

Schweizer über 17 Jahre dürfen 200 Zigaretten oder 50 Zigarren oder 250 g Tabak, 1 Liter alkoholische Getränke über 15 Vol.-%, 2 Liter unter 15 Vol.-% Alkohol, Geschenke und Mitbringsel bis zum Gesamtwert von 2400 öS einführen. Bei der Wiedereinreise in die Schweiz gelten o. g. Mengen für Tabak, außerdem 2 Liter alkoholische Getränke unter 15° und Geschenke im Gesamtwert von 200 sfr.

Register

REGISTER

Wels 43
Wernstein 50
Wiener Neustadt 80
Wilhering, Stift 56
Willendorf 66
Winzendorf 80, 82
Wolfgangsee 42

Ybbs 69

Zoll 95
Zwettl 58
Zwettl, Stift 58

Personenregister

Albrecht II., Herzog 74
Altmann, Bischof 63
Altomonte, Bartolomeo 16, 31, 47, 48, 56
Altomonte, Martino 56, 58
Anzinger, Siegfried 18

Beethoven, Ludwig van 18
Bernecker, Jakob 68
Bernhard, Thomas 18
Biasino, Cypriano 34
Bruckner, Anton 18

Carlone, Carlo 16, 46, 48, 49
Carlone, Pietro Francesco 25

Dietmayr, Berthold 68
Donner, Georg Raphael 30

Elisabeth, Kaiserin 40
Essl, Karlheinz 90
Essl, Karlheinz jun. 90
Export, Valie 18

Ferdinand II., Kaiser 14
Fischer von Erlach, Johann Bernhard 32, 88
Fischer von Erlach, Joseph Emanuel 72, 90
Florian, Hl. 49
Franz Ferdinand, Herzog 68, 86
Franz I. (Kaiser von Österreich) bzw. II. (deutscher Kaiser) 14, 24, 81

Franz Joseph, Kaiser 40, 81
Freud, Sigmund 84
Friedrich III., Kaiser 24, 26, 80

Gauermann, Friedrich 16
Giuliani, Giovanni 76
Götz, Joseph Matthias 51
Gran, Daniel 16, 31, 86
Guggenbichler, Meinrad 38

Hadmar I. von Kuenring 58
Hadmar II. von Kuenring 58
Hadrian, Kaiser 86
Hansen, Theophil 78
Hermann, Abt 58
Hildebrandt, Lukas von 62, 88
Hinterhölzl, Baptist 56
Hitler, Adolf 14, 24, 52
Hollein, Hans 32

Joseph Friedrich, Prinz 88
Joseph II., Kaiser 14, 16, 34

Karl, Erzherzog 84
Karl I., Kaiser 86
Karl VI., Kaiser 72, 83, 90
Kelten 15
Klimt, Gustav 16, 31, 38
Kokoschka, Oskar 16, 68, 84
Kornhäusel, Josef 75
Krupp, Arthur 78
Kubin, Alfred 50

Lanner, Josef 18
Lehár, Franz 40
Leopold II., Markgraf 66
Leopold III., Markgraf 89
Leopold V., Herzog 80
Leopold VI., Herzog 70

Marc Aurel, Kaiser 86
Maria Theresia, Kaiserin 14, 88
Matielli, Lorenzo 86
Maximilian I., Kaiser 80

Messenta, Francesco 56
Millöcker, Carl 18
Mozart, Wolfgang Amadeus 18
Munggenast, Josef 16, 30, 31, 32, 48, 68

Nitsch, Hermann 18

Olbrich, Joseph Maria 32
Otto I., Kaiser 13
Otto II., Kaiser 13
Otto III., Kaiser 13, 48
Ottokar II., König 88, 92

Pacher, Michael 16, 42
Prandtauer, Jakob 16, 30, 31, 32, 46, 48, 64, 66

Ransmayr, Christoph 18
Richard Löwenherz 64
Rint, Johann 57
Römer 15
Rudolf I., König 14, 88, 92
Rudolf II., Kaiser 26
Rudolf, Kronprinz 77

Schiele, Egon 16, 90
Schmidt, Martin Johann (Kremser Schmidt) 16, 30, 34, 47, 48
Schömer, Agnes 90
Schwabenthaler, Hans 52
Schwabenthaler/Schwanthaler, Thomas 40, 52
Stifter, Adalbert 18, 57
Strauß, Johann 18

Tassilo III., Herzog 46
Troger, Paul 16, 48, 58, 63, 68

Vetsera, Mary, Baronin 76
Vladislav von Mähren, Markgraf 72

Wagner-Bacher, Lisl 62
Waldmüller, Ferdinand Georg 16
Weiler, Max 90
Welser-Möst, Franz 18
Wolfgang, Bischof 42

Zdarsky, Mathias 70, 71